庫

ケガレの民俗誌

差別の文化的要因

宮田 登

筑摩書房

目次

ケガレの民俗誌

——差別の文化的要因

I

民俗研究と被差別部落

一　民俗学的視点

民俗学の姿勢・態度には、どちらかというと当面する課題と直接対決をさけるような側面を持っているような気がする。むしろ搦手《からめて》からその本質的なものを見付けようとするのである。歴史学的立場だと正面から挑むが、民俗学的視点の特徴は搦手からいこうという姿勢にあると思う。それは民俗学が、民間伝承を主たる材料にすることと関わっているためでもあろうか。民間伝承そのものが、文献に示されていない曖昧とした日常生活の部分を伝えている、素材としての資料が曖昧なものである故に、それを構造的にきちんと説明できない何かがつきまとうのではあるまいか。

しかし、課題のどこか根っこの部分から、語りだされたり、あるいはにじみ出てくるような性格が、フォークロアすなわち民間伝承なのであって、それを再構成する方法論が重要である。その方法論を整えていく時に、柳田民俗学という、固有名詞を冠した学問の存在は、外国の研究者にはちょっと奇異に映るようである。これは柳田国男とか折口信夫という個人の持っているイデオロギーが強烈であり、一見客観的な方法を超えて強烈なイデオロギーが内包されているところに特色が示されるわけなのであり、その中からいわゆる方法論としての基準を抽出してきて他の学問の基準と対比させるということになる。日本の学問の多くは西欧化されており、理論的概念はいずれも西欧から輸入しているという状況であるために、この曖昧とした民俗学の方法が、なかなか認知を受けないでいた。柳田民俗学は、国学的な発想というか思想を軸にした学問であって、非西欧的な側面をもつので、他の人文科学の方法を学んだり、あるいはそれをモディファイするということを繰り返してきているために、十分に問題を解決できないという状況があったといえる。

被差別のテーマに絡めていうなら、民俗学は、民間伝承を通して、民俗学的世界の中から、被差別というものの文化的要因は何であるのかということを探り出すところに大きな目標を置いているといえよう。

その場合に、差別というのは、文化現象として捉えるべきである。もちろんこれは部落だけの問題ではなく、様々な社会的な差別が現代社会には生じている。その差別を生ぜしめる文化的要因には、例えばここでとり上げるケガレが存在するということは大方承知されている。このところ相次いで被差別の問題の根源にあたるケガレについて、歴史学的な立場、あるいは社会学的な立場からの研究が累積している状況があり、二十数年前の段階から見ると、研究状況は次第に充実している感じがする。特に歴史学のアナール派の影響を受けた中世史が、生活感情や生活意識に対してアプローチをはっきりさせてきていることは、民俗学に対してもいろんな刺激を与えたということになろう。そうした中世社会史のアプローチの方向というものが一方にあり、例えば横井清や、網野善彦、山本幸司らが、ケガレの問題を取り上げてきているということに対して、民俗学の対応はどういうものになるのかということが一つの問題となるのである。

ここで、被差別部落の問題について以前から私の中にあった関心と、その民俗学的意味について述べてみたい。私は戦時中の集団疎開児童の年代に属している。当時私は、長野県北部の農村に縁故疎開をしていた。その村には、先祖代々村に住んでいる家の子供たちと、「長吏っぽ」と呼ばれている子供たち、それに我々疎開児童というよそ者の三つのグループがあり、私たちよそ者は、よく通学途上で村の子供たちからいじめられた。そういう時どういうわけか「長吏っぽ」と呼ばれて差別されている子供たちが、よそ者の疎開児童を守ってくれたことが記憶に残っている。

幼い頃の印象として、なぜ彼らは自分たちにやさしくしてくれるのだろうという気持ちをいだいていた。民俗学を勉強するようになり、いわゆる異人（ストレンジャー）とか「よそ者」といった概念と差別観とが、どこかで結びつくのではないかと考えるようになった。

「習い積って俗となる」という昔からの言葉があり、私たちが日常的に無意識に続けている慣習は、合理的な説明は十分につかないにしても、それは、民俗文化となり、日常生活として我々の肌に滲みついている。こういう根っこのところに民俗の核があるのだろうと考える。その根っこに当たる部分を客観的に分析することはなかなかむずかしいことも明らかである。

近年の新聞の世論調査などで、よく日本人の国民性や意識調査結果が報道されているが、そこで明らかにされていることは、一つに日本人の宗教感情がはなはだあいまいであるということ。それから都市に住んでいる若い世代で高等教育を受けている人々が、他の世代と比べて、例えば霊魂の存在とか縁起をかつぐとかお守りなどの呪物を、特定の宗教とは関係なく気にしていること。また、友引の日に葬式をしない、仏滅の日には結婚式をしないといった縁起もかついでいる人々が約八割近くいる。

江戸時代の都市には「伊勢暦」をはじめとしていわゆる大雑書とよばれる暦注書がたくさん出回っていた。文字暦は奈良・平安時代から陰陽師が使っており、細かく日常生活を規定していたが、江戸時代にはさらにそれが複雑化してきている。例えば朝起きてから夜寝るまでの日常を細分化し、洗濯の日、風呂に入る日、夫婦和合の日とか、一つ一つの動作について細かく取り決めがなされて暦に書かれていた。また、字を読めない人々のための絵暦も出回っていた。

江戸時代の暦には、今の我々が知っている友引とか大安、仏滅などという言葉は余り出てこない。現在の暦は六曜暦で、六日に一度循環してくる日について、日の吉凶が定められている。六曜暦は江戸時代にも香具師《やし》の間で使われていたが、それが明治以後都市生活に急速に広まり、今日まで伝承されている。こうした暦が定めた日にタブーを破ると凶になるわけである。

例えば「友引」は香具師の間では「引き分け」、友が引き合うという意味を持っていて、友引の日には同世代の死者の霊に引っぱられてあの世へ行ってしまうという恐れがあり、そこに霊的な信仰がからんでいることがわかる。

そういう事実を迷信と決めつけることは容易だが、同時に大勢の人々がなぜそれにこだわるのか、ということの方がより重要になってくるのではなかろうか。

例えば村の中である人が死ぬと、その人と同年齢の者の家では、死霊に引っぱられるのを防ぐために餅をついて、それで耳の穴をふさぐ。これを耳ふさぎ餅といい、全国的にみられる同齢感覚の一つと考えられている。現在生きている者にとって死に対する恐怖は強く、その恐れをやわらげるために祈禱に関する宗教現象が盛んになっていることも明らかである。

日本人は現世中心主義であり、仏教も現世利益を前面に押し出している。この世でうまくいかないことはなるべく避ける。だから生者をあの世へ連れていってしまう死を恐れる。まじないが大都会で流行しているのは、さまざまな情報が氾濫していて、都市生活に対する不安がそれだけ強いからといわれている。また受験生をはじめ病人などが「四」をきらう。「仏滅」は江戸時代「物滅」と書いてあった。ものを失うことも仏を失うことに通じるので、仏滅と記してその日は避けようとした。

同じような例に三隣亡がある。一カ月に一度めぐってくる三隣亡の日に大工が家を建てると怪我をするとか、向い側と両隣りの家が火災にあうという俗信である。こういう言い伝えは今でも根強く残っており、三隣亡を無視した施行者に対し、隣近所の人たちが抗議したという一件が新聞で報道されることもある。

三隣亡のもとの字は「三輪宝」である。「三隣亡」と書き換えたことにより日常生活意識の中で霊力をもち、社会問題にもなったわけである。

友引や仏滅、三隣亡などは、近代化を開始した明治になって逆に活発になっていったということをどう考えたらよいだろうか。近代日本人がそういうことにこだわらざるをえない状況が一方にあることを無視するわけにはいかない。ここに生活文化の持っている根っこの部分が重要となる。友引の場合は同齢感覚や死に対する不安があり、結婚式に仏滅を避けようとするのは、仏が滅するという不吉な事態を考えている。こういう不安感が集積してきて、日常生活に顕在化してタブーが生まれることになった。

日常といっても毎日の暮らしの他に、冠婚葬祭という特別な年中行事が一年にならして約五〇日程度、とくに祭りに関する行事の日が設けられている。この特別な日をハレと表現している。ハレとは一般に晴れやかな公的な場をさしている。

ハレの一つであるお葬式の儀式で重要なのは、死者を蘇らせる呪法、つまりお通夜の儀式であった。『古事記』『日本書紀』には、それはモガリと記され、特定の建物の中で、遺族は七日八夜遺体の前に侍して、どんちゃん騒ぎをつづけ、いったん離れた死者の霊魂を呼び戻そうとした。これが終わってから野辺送りの行事がある。地域を離れて霊魂がさ迷わないよう、いろんな供養の方法があり、そこに仏教的な儀式が生かされている。

葬式を不浄視することはすでに常識化している。不浄視が強まる時期がいつごろかをめぐっては、高取正男が古代末の神道拡大期における一つの役割に注目した。それは古代末期から中世にかけてであり、神社神道が畿内の貴族社会を中心に教理・体系を整えていく。高取の言によると神道が肥大化していったのであるが、そこにおいて神社神道は聖域、浄域を設定し、とりわけ不浄なものを排除していくという方向をもつようになり、血穢や死穢に対して非常に敏感になっていったというのである。

中世末の信州山間部の『熊谷家伝記』には、領主の妻が月経で臥せっていた時に、たまたま火事が発生した。主人の留守を預かる妻女は月のもので不浄であったが、身を挺して家の持仏である仏像を守ったというので、以後この地域では女性の生理を不浄視しなくなったと書かれている。大きな神社や寺院は不浄観が強いが、村の日常生活では、生活律としてそれほど不浄観は受け入れられていなかったと思われる。

ただ、中世にみられることであるが、修験道の女性排除は一般の見方とは違うものがあった。例えば大峰山を中心とした修験道の女人禁制は根強いものがある。女性が山に登り、境界を越えて行ったために石になったという言い伝えはあちこちに残っている。

山の神は女神であり、狩猟者にとってみると山の神は猟を守護しかつ豊穣をもたらしてくれる神としてあがめる風習がある。山岳修験者たちはこういう女性中心の山の神信仰を排除していった。女性を排除したことが結果的に後世、山の女神を山姥や鬼婆、鬼女という形で恐ろしい妖怪に仕立てることになったのである。

古代末期に戸隠山の山岳修験者である男性の宗教集団と、鬼女紅葉《もみじ》や「おまん」と称する女性たちをリーダーとする宗教集団とが激しく対立していた。その結果、男性宗教勢力は都の権力と結びつき、伝統的な女性宗教集団を追い出してしまうことになった。これが現在も戸隠山に伝わる「おまんの方」や「鬼女紅葉」などの伝説に表現されている。

一方、畿内を中心とした名社大社の規定の中には、女性や怪我人の血穢を近づけないとする傾向があり、これに仏教の血盆経が結びついてくる。血盆経では女性が生まれながらに血の池地獄に堕ちることが、念仏講のような機会に和讃として説かれていた。死に対する恐怖感は共通しているので、出産や産後のケガレをめぐる規定も細かく定められていた。産後の血で汚れた衣類を天日で干すようなことがあった場合、その女性ばかりでなく、夫にも責任がかかってくると中国では言われていた。血盆経は中国で作られた偽経とされるが、ここでは男の側の責任も問われているのに対して、室町時代に日本に入ってくると、男の責任の方は免除されてしまい、女性のみの罪が問われることになった。さらに死への忌みから出産や月経への不浄視も加わった。神道の不浄観と血盆経の不浄観が相乗作用となり強い規制力をもったといえる。修験道で山中の男性が女性を遠ざけようとする傾向と、平地において女性を司祭者の地位から遠ざけて不浄視する傾向とがつながってきたのである。

そしてこの考えは、村の鎮守の氏神祭りでも一定の役割を果すようになった。古代社会では女性が巫女《みこ》として司祭者の役割を担う。各地にはそうした霊力の強い高級巫女が一人はいて、託宣が下されることによって祭りが行われていたが、中世になって男性司祭者がそれにとって替って、女性は追放されることになった。男性は女性に比べて一般に霊的能力が劣るので、それを補強するために男性神官は組織を作って連携プレーにより宗教的行為を行うようになる。中世宮座組織でも男性神主が中心となり、祭りのさいは男の独占となった。この体制は江戸時代にも完全に引き継がれたから、約四〇〇年にわたって男性を中心とした宗教的行為が継続することになる。

ところが重要なことは、民俗宗教の中には、冠婚葬祭にかかわるようなハレの場面に、専門的宗教者がかかわるよりも以前に、古くからの共同体の伝統に基づいて処理してきたやり方がある。いつの時代にも禁制はあり、男性中心の中央の権力と、地域の女性中心の自主的な民俗との対抗関係があり、民俗文化の質が定まってくる。庶民社会の側に禁制を一方的に受け入れてしまう部分と、排除して対抗する力とがあって、そのせめぎあいにより画一化されない地域社会の民俗文化を形づくるといえる。

仏教の場合も事情は同じで、高僧・名僧のすぐれた教えや仏教理論と、教団に属さない、聖《ひじり》と称した遊行僧の説く教えとの緊張関係がある。聖たちは、行倒れの死体を埋め、死者の霊魂が鎮まるように念仏を唱えて諸国を回った。全国に分布する弘法大師伝説は、そうした聖たちの活躍の跡を示している。聖は民衆の間にある死について、体験的にも観念的にもかかわったのである。死穢を忌避する村人たちの間にあって、積極的に死体を埋葬、供養したのであった。五来重はそうした念仏聖たちを中心とした日本仏教のあり方を構想していた。

例えば前述の友引といった死霊とのつながりを示す習慣などは、死への禁忌と深い関係をもっているだろう。遺体処理を中心とする死の儀礼を、それを超越できる人々に任せてしまおうとする。こうしたところから、ケガレの仕事を被差別民に委ねる関係が生じて、それがやがて固定化して文化的意味での差別の構造が生じてきたといえるだろう。

一方、他者や異人の持っている霊力が、定着民の日常を規制するという観念がある。これは「異人論」の問題にかかわっている。一七世紀後半には、先祖代々の田畑を耕作する水田稲作農耕民の民俗文化が次第に定着してくるが、それ以前はまだ漂泊性をもつ集団が数多くあった。漂泊している職人集団があり、その数は六〇以上七〇にも達していたといわれる。漂泊民と水田稲作農耕にたずさわる人々の間に生じる葛藤も、被差別の大きな要因になってきたのである。

日本列島の約七割は山間部であり、残りの平地にたくさんの人々が定住していた。現在はほとんどそれが都市民といっていいくらいになっている。

かつては山間部の住民がある種の力をもっていた。彼らの生業は狩猟と焼畑中心の畑作農業であり、稲はほとんど作っていない。現在でもお正月にモチを食べない、いわゆるモチなし正月、イモ正月、うどん正月などの地方が残っていて、その人たちの日常は稲作文化を絶対視していない。これは山民の系統であることが考えられている。

モチなし正月の系譜をみていくと、一つの言い伝えにぶつかる。それは先祖が戦いに敗れ山中へ落ちのびてきて、その日がちょうど大晦日でモチを搗《つ》くことができなかった。それ以後正月にモチを食べることをやめたという言い伝え、あるいはちょうどモチを搗き始めたのだが、戦いで着ているものが血だらけになっていたのでモチが赤く染まってしまった。赤い色のモチを作るのは不吉だから、それ以後モチづくりを避けたというように説明して、モチを食べない風習を説明しているのである。

この民間伝承は、山間部に住み水田耕作をしなかった人々の正月のあり方を物語っている。かれらは畑作を中心にして、たぶん赤米や里イモのような雑穀を中心に作っていたと推察されている。明治一〇年代に日本列島各地は稲作を中心とした農業に移行したが、それ以前は雑穀中心の文化が根強かったといえる。日本の基層文化にはこういう二つの系譜があることを知ることが大切である。山間部に住み水田を持たない人々に対する、水田稲作農耕民からの差別の眼差しを無視することはできないだろう。

漁民の場合も同様にとらえられる。半農半漁ではない純粋の漁民といえば、例えば舟の上に生活用品一切を載せて長期間海上で漁をして過す家舟《えぶね》の存在は有名であった。かれらも農民や土地持ちの漁民たちから差別されていた。

このように一つの基準をもって価値判断すると、その基準にはずれたりそれとは異なる文化については価値が低いものであると思ってしまう先入観が働く。西欧的価値基準を絶対視すると、伝統的でかつ慣習的な生活文化や非合理的な要素の濃いものは価値が低いとみるようになる。

こうした文化をみる場合の相対的価値基準が近年明確になってきている。例えば男と女の違いとは根本は生物学的なものであるが、文化としてのあらわれ方の違いは、人間として共通基盤がある上での違いであることは明らかであるから、価値観の差異ではない。相互が対等に認めあうことによってその矛盾は解消されるはずであろう。ところが例えば死体を処理するかしないか、あるいは村に定着するかしないかという違いは、神道、仏教、修験道といった宗教的な要因が加わっていて、それらのもっている価値基準とはずれることによって差別になってくるのである。こうした差別意識は長い時間に徐々に培われてきたといえよう。

こうした生活感情・意識を生み出している文化の根っこの部分は固定された観念ではない。いわば生活そのものに滲《し》みついているどうしようもないアクのようなものである。しかしその事実をどうしようもないものと言ってしまうのではなくて、客観的にときほぐしていき、分析した上で、相互に納得いくところまで突きつめていかなければ差別は解消しない。

民俗学の立場からの発言は現実の切実な問題に対してははなはだ弱いのであるが、しかし日常の中に何気なく生きている慣習、習俗にはそれなりに意味があること、その意味を解明することが民俗学の役割なのであり、それが差別を生じさせる生活文化を理解する上できわめて重要なことも明らかなのである。

二 〝ケガレ〟の設定

ケガレの概念がハレを説明する時に非常に有効であるという考え方を私はとっている。ケガレがケガラワシイというような、内容にストレートに結びつけられる以前のケガレの解釈では、むしろケガレの中に霊的な要素を認め、そうした見方によって日常的パワーが衰えるという意味でケガレをみてきた。これはあくまでもハレ、ケ、ケガレの循環構造という中で、例えば年中行事とか祭りとか通過儀礼などの儀礼を説明するのに有効に使えるのである。

このケガレの概念がひとり歩きを始めた。その一つが、ケガレた状態というのは、本来人間が共通して持つものだということになった。すなわち毎日毎日のくらし方はケが枯れていく状態になる。たとえば、現代サラリーマンは会社が終われば帰宅の途中で一杯酒を飲んで、高揚した擬似ハレ空間に入りこむ。家に帰って休み、家族と仲良く過して、またよみがえるというような、サラリーマンの日常生活のあり方の説明にまで使われるようになった。さらに、そうした思考は、都市生活者の不安な心理状態をも説明するようになってきた。

また、民俗学の内部で考えていたケガレは、漢字で「汚れ」という語が多用される中で、その汚れとどのようにかかわるのか、が大きな問題になってくる。「穢」(ワイ)という漢字をあてはめた「穢れ」というものが持っている深層的な部分に対して、日常性の意義を表現するケガレをどのように理解するかという点にかかわってきたといえよう。

谷川士清《ことすが》『倭訓栞《わくんのしおり》』は、穢のケガレについて、「ケガレは気枯れ、あるいは気の状態が離れるという気離れか」という疑問符をつけて説明している。それ以上の言及はないが、それにもとづいて、ケガレを、文化的意味に広げて解釈していくと、さらに効果があるのではないかということが、ケガレの説明の第一歩になった。ところが、このケガレという言葉だけで説明していくと、浄・不浄に相当する、あるいは汚穢の穢にあたるもの、ケガラワシイものということに結びつけるのに、語呂合わせ的なところがあり過ぎるのではないかという批判を受けるに至った。また、国語学者の間からは、ケガレについての谷川士清説には、疑問がある。音韻論的な解釈からいうと、「ケーカレ」ではなくて、「ケガーレ」というふうになる、という尾畑喜一郎の説もある。「ケガーレ」というのは、怪我をするとか、傷ついて血を出すとか、そういうことを含めたケガレであって、「ケーカレ」

というものではないということになる。

民俗学の内部でも、ハレとケという、柳田国男が設定した概念があり、そこにケガレという文化要素を介入させるのは、問題があるのではないかという議論もある。波平恵美子は九州北部の漁村における禁忌を分析した時に、ケガレすなわち不浄を、ハレとケと並べて三者定立させて説明することによって、民間信仰の構造的理解を求めようとしたところから出発し、さらに桜井徳太郎は、植物の成長に伴う、とりわけ稲の生育にかかわるケガレということを提示して、より深く説明しようとしたのである。

この立場ではそれをさらに敷衍して、日常的な活力が衰えていくところから回復力をとり戻そうとするところに、その根拠を求めようとした。しかし、ハレ、ケ、ケガレなどと言わなくても、A、B、Cと符号で表現すれば簡単にそれは説明がつくのではないかという批判も受けている。

問題のきっかけは「ケーカレ」であるにしても、浄穢における不浄の部分、あるいはケガラワシイという言葉の基本的な部分を、その活用の仕方によって価値転換させる必要があるのではないかというところからこのテーマが出ていることは確かである。すなわちケガレの全体像が動きだしているのであり、さらにこの点をより具体的な事例から考えていく必要があるのではないかと思う。

民俗学は、これまで被差別部落の問題に関して、直接対象にしてこなかったことは明らかである。しかし、研究史の上では、まず柳田国男の「所謂特殊部落ノ種類」という論文がある。柳田は官僚として内務省におり、そこで関連資料をよくとらえることができたのであり、この論文はそれらの資料にもとづいている。

柳田は当時、部落に関する資料を眼の当たりに見て、いわゆる部落の研究によって、日本人の民間宗教の性格を窮めることができると指摘している。民間に伝わっている信仰・伝承の中には様々な問題がある。そこには神道や仏教、陰陽道、道教が混在している。柳田の観点は、いわゆる陰陽師とか声聞師とか、呪《まじな》いや祈禱、占いをする宗教家の活動を分析すると、疫病が流行ったり災害が起こったり危機に陥ったときに、どうやって立ち直ることができたかを知ることができ、そのための重要なデータになると述べている。

また皮作りについても、数行ではあるが触れている。それは地方の小領主が武士軍団を持って戦争を行う時、武具や兵器を作るために、それらを製作する専門家たちを自分の周辺に招いて、皮で作らせたのであるという。軍備が統一されていくときに〈カワタ〉を自らの城の周辺に住まわせた。それは軍備を整える意味で重要であったけれども、戦乱が終わって平和な時代になってくると、彼らはもはや武具を作る必要がなくなり、皮作りをする人々から今度は課役を徴収するようになった。皮の需要も減り、次の段階で斃牛馬処理の実務になってくる。老廃した馬とか牛を引き取り、それを殺して処分する。殺した時に、牛馬の肉を食べるということは必然的に生じていたと思われる。本来はそうした人々が食糧問題解決の中心になっているはずなのに、江戸時代にこれを差別の対象にしたというところに問題があるのだと、「所謂特殊部落ノ種類」に書いている。

明治になってからは牛鍋屋が盛んになり、牛肉を多くの日本人が食べるようになった。今ではほとんどの人々が牛肉を平気で食べている。それから、皮靴が作られて草履の代わりに靴を履くことが一般的となった。皮革の需要は大きくなったけれども、江戸時代の慣習として定着した斃牛馬の処理と、その肉を食べるということに対しての問題は残されていて、未解決のままであると指摘している。

柳田の被差別部落論の一面は日本民俗学史の上では、折口信夫に引き継がれている。折口は河原者の中から文化を高めてきた芸能者の歴史を執拗に追ったのであった。現在の民俗芸能研究は、こうした折口信夫の分析に影響を受けているといえよう。

ただ、社会との繋がりの中での問題意識は十分ではない。一般的民俗資料を集めることに精一杯であったために、部落の中での民俗調査ということを十分に展開できなかった事情があり、結局その方向は中断した。柳田民俗学は、水田稲作農耕民の世界に多く傾斜していき、それを「常民」という形で捉え、それ以外を「非常民」というように分けた。そのため「常民」と「非常民」の交錯するところに展開する日本文化論は十分に果たしえていないといえる。ただ、祖先崇拝のようなテーマとか中国南方からもたらされる米文化の伝来については究明されてきたが、こうした柳田の、初期に発想した「非常民」のテーマはそのままで発展しなかったということは確かである。

喜田貞吉は柳田国男とほぼ同時期に多くの論文を書き、とくに肉食について論じている。喜田の研究は史料的な限界はあったが、現在では古典的な成果の一つになっている。

肉食について、喜田は明治一七、一八年頃の生活体験を次のように語っている。当時「誰でも肉は食べられたにも拘らず、どういうわけか自分は肉を食べた記憶がなかった」「子ども心に、もし猪の肉や牛肉とかを食べているのを見たならば、この人達は天罰が下るというふうに親に言われた」と記している。子供心に牛肉は食べられないものだと思っていたところ、高等学校に入り、「寄宿舎に入って、夕食のお膳に牛肉が出てきたのを食べてみて、こんな美味しいものがこの世の中にあるのかということから牛肉党になってしまい、学生時代はすき焼きの味を覚えて、大変楽しい生活を送ったけれども、大正三年に死んだ父親は、一生涯、牛肉の味を知らなかったものだし、絶対に口にしてはいけないというふうに躾られた」と語っている。

肉が自由に食べられたというデータは確かに数多く挙げられている。「観念として、肉食をしてはいけないと自分が親から教わったような一種の慣習というのは、いったいいつからできたのだろうか。中世以降、そういう観念が盛んになったと思われているけれど、どうしてそれが「穢多」という文字と結びつけられてしまったのか」と問題提起しているのである。つまり、明治後の庶民は古代の庶民と同様に、自由に牛・馬・豚を食べているにもかかわらず、それ以前、とりわけ中世以後にどうして肉を食べないという奇妙な慣習が生じたのだろうかというのである。喜田の成果は近年、高く評価されているが、こうした問題が民俗学上、テーマとして残されていたことは確かであった。

このことと関係して、民俗学上の〈ケガレ〉について再考してみたい。ケガレは「不浄」或いは「賤」と認識する以前に「褻枯れ」を意味していた。そして二義的段階で「猥」「穢らわしい」といった漢字を用いて説明した。「穢」という字を用いる以前に、民間で使われている日常用語の中に〈ケガレ〉があり、漢字の「穢」を使う。そこで「汚穢」の意味とは違ったものが別にあるのではないかということが、近年、主張されるようになった。

柳田民俗学では「日本文化はハレ（晴れ）とケ（褻）から成り立つ」という前提がある。これは、例えば「聖俗二元論」というもの、つまり世界は〈聖なるもの〉と〈俗なるもの〉に弁別できるというデュルケム社会学の影響があり、〈浄・不浄〉もそうであるが、こうした二元論的な解釈によって、曖昧な文化内容が分析できるであろうという前提から進められたのである。

柳田国男が〈聖〉や〈俗〉に対応する言葉として意識していたのかははっきりしないが、衣・食・住についても、晴れ着、ハレの日の食べ物、住居にしても、あらたまった空間にシメ縄を張るというような、特別な儀礼を行うハレの空間が設定されている。それに対して、ごく日常的な生活は、三六五日の間には約二〇〇日位はある。〈ハレ〉と〈ケ〉に分けながら、一方で「ケにもハレにも一張羅」という言葉があるように、〈ハレ〉と〈ケ〉の区別がつかなくなってしまっている情況が圧倒的に多くなっているということが指摘されている。

例えば「禁色《きんじき》」という、使ってはならない色（白色に代表される）があるが、この色を使うのはお祭りの時に限られていて、聖なる色だった。ところが、近代には白色を日常的に使うようになっている。そこでは〈ケ〉とか〈ハレ〉というはっきりした区別がつきにくくなっている。

〈ハレ〉と〈ケ〉だけでは説明しきれないから、さらに両者の媒介項を入れて説明してはどうかということになり、一つのヒントになったのが、〈ケガレ〉という語だった。これは江戸時代に新井白石や前出の谷川士清がすでに使った言葉であるが、〈ケ〉に対して〈ケガレ〉と呼んで、前述のように「褻枯れ」という字をあてはめている。〈ケ〉というのは〈ハレ〉よりもはるかに日常的な語であるが、現代の日常生活は、〈ケ〉という普段の生活を送っている情況がつくりにくくなっている。日常的なリズムがつくれなくなって、だんだん生活力が落ちているのである。それをエネルギーの枯渇と単純に言えるかどうか分からないが、そういう状態に対して、〈ケガレ〉という言葉が当てはまるのではないか。谷川士清が先に「褻枯れ」と記したことの一つの根拠なのである。〈ケガレ〉は言葉としては元々そういう意味であったのが、どの段階で「汚《きたな》らしい」とか「不浄」の意味へ変わっていったのであろうか。新井白石は〈キヨメ〉という言葉に、わざわざ「気好メ」などと漢字をあてて、これを〈キヨメ〉と読むのだと言っていることにも注目される。

「気」という言葉には、活力とか生命力とか、人間の生きていく根源に必要なものという意味がある。ケという状態は朝から晩までいつも順調にいくわけではなくて、何らかの条件が伴ってだんだん力が衰えていく。衰えていく時に、エネルギーを使って元のケに戻ろうとする情況が生じて、いわゆるハレという折り目を作る重要な時空間になる。〈ハレ〉と〈ケ〉の中間に〈ケガレ〉を用いることによってハレが説明される。ハレという状態はケガレを前提とするから、ハレとケガレが合体して大きなエネルギー、例えばお祭りとか行事とかの非日常的な情況をつくりだすということになる。

これはハレとケガレの循環ということになるわけで、抽象的にいえば、例えば通過儀礼の中で、人が生まれ、やがてあの世に行くという生き死にの間に、〈ケ〉の状態が継続できず〈ケガレ〉てきて、それが〈ハレ〉になるという形が何度もくり返されることになろう。

ケガレの問題を考えるとき、〈ケガレ〉には多義性がある。その多義性の中で、「汚らしい」ということにストレートに結びつく以前に、我々の認識の中には、ケガレていく、力が衰えていく、という共通する潜在的心意があるのではないだろうか。このことが民俗学的な認識の有力な根拠になるといえる。

〈ケガレ〉は日常的に意識されているものであった。民俗学者の京馬伸子は、自分の子供の頃の思い出に「エンガチョ」という遊びをした体験談をレポートしている。

ここで「エンガチョ」というのは、犬の糞とか猫の死体とか、或いは学校の便所の床に触れたりするとエンガチョになってしまうという、現在四〇から五〇歳代以上の大人が子供の頃に盛んに遊んだ遊びの一つである。

「誰々ちゃんがエンガチョになった」と言ってはやしたてて、エンガチョになった子供を孤立させてしまう。エンガチョになった子供は、それを他人に伝染させることでエンガチョから離れようとする。そこで、エンガチョにかからないように、子供仲間で指でカギ（鍵）の形を作り、「エンガチョ、閉めた」と言う。そうするとそこに一種のバリヤーが生じて、エンガチョにならないですむ。エンガチョになってしまった子供は必死になって、バリヤーを作っていない子供にエンガチョをつけようとする。つまり「不可触民」の場合と同じ情況になるわけで、手をパッと触れれば、エンガチョが移るのである。当時、こういう遊びが学校で流行っていた。

子供心に「エンガチョ」というのは汚いという意味だということで、エンガチョになったと皆がはやしたてると、自分の体がよごれてしまったと思い込んでしまう。エンガチョは、触るとその人に菌が移って、他の人に伝染していくのである。

菌には男菌と女菌とハゲ菌（ハゲ頭のこと）がある。それからゲボ菌。大便所に入って用を足して、そこから出てくると、トイレ菌というのが付く。或いは友達と絶交してしまうと絶交菌が付くとかで、指でカギの形を作ってエンガチョの菌が移らないようにする。

これは、古代律令の『延喜式』の穢れのルールを示した「触穢条」の内容とも通じている。要するに、触れれば相手に伝染するという意識である。『延喜式』の場合は、合い火をすると移るという。葬式で、喪家の遺体の安置されているところへ行き、履物を脱いで部屋にあがり、そこで食事をすると死穢が伝染する。しかし、履物を脱がないで門口からそのまま外へ出るならケガレとはならない、そういうルールが決められていた。

エンガチョのなかで、弁当を食べているとき落としたおかず、これは食べてはいけない。それからドブに落ちた子供、学校で大便をした子供、これもみんな「エンガチョになった」、ケガレがついたとはやしたてていた。

ところが一方では、牛や馬の糞を踏むと背が高くなるといわれた。だから背の低い子は一所懸命馬の糞を見つけては、それを踏もうとした。犬の糞を踏むと逆に背が低くなるという。だからノッポの子供は犬の糞を見つけては踏もうとする。女の子は、馬の糞を踏むと髪の毛が長くなるといって、わざわざ乾いた糞を見つけては踏んで歩いたという思い出があると京馬伸子は述べている。

また、馬の糞を踏むと足が速くなり、牛の糞を踏むと力持ちになるとも言っている。これらは、子供が生理的に汚らしいとして、「エンガチョ」といって逃げ回りながら、一方では自分から汚いものに触れようという心理による。ということは、ケガレのもっている本質的なものと関係するのではないか。つまり、それは汚らしい、排除しなくてはいけないものであるけれども、またきわめて力の強いものである。こうした認識は矛盾している。

二律背反ということになる。そこに特別なパワーが生じているということが、エンガチョ遊びの中から窺えるのである。このようなエンガチョ遊びはいろいろな意味でケガレ論のヒントになると思われる。

三　食肉と米

食肉の問題については、原田信男『歴史のなかの米と肉――食物と天皇・差別』（平凡社刊）が参考となる。著者の観点は、要するに、日本は、政治的或いは国家的レベルにおいて水田農耕志向をとってきたという考え方である。それにプラスして、仏教的な殺生禁断とか、神道的な触穢の思想というイデオロギーが伴ってきて、日常生活意識の中にそれが習合したと考えられている。

日常生活文化には地域差があり、時代差もあるから一概には言えないが、水田稲作農耕が基本になってくると、白米が選択されることになる。水田稲作農耕が最も成熟した時期は江戸時代中期であるから、その段階で牛馬は重要な使役の家畜であり、農耕の生産性を高めるのに役立つ。そこで、自然と牛馬を殺すことを避けようとすることになる。

柳田国男『海上の道』は、日本人の祖先は中国長江下流の江南地方から移民してきたという説をとっていた。移民集団は稲の種子を持ち、宝貝を求めてやってきたというロマンチックなストーリーになっているのであるが、この学説は南方の島々を経由して日本に入ってきたと考えるのであって、隣接学問からは否定された。一般的にはいずれも中国から朝鮮半島を経由してきたという学説なのであり、それが北から南へと南下していくという考え方なのである。

ところが、近年新「海上の道」という言い方で、柳田の少数派の意見がまた再検討され始めた。それは、いわゆるブル稲というジャポニカに近い赤米が一つの鍵をにぎっている。この赤米は、インドネシアとかフィリピンの各地域で日常的に食べられている赤米であり、いわゆる大唐米（中世から近世まで一般的に日本人が食べてきた赤米）ではなく、インドネシア系のジャポニカに近い米である。それが黒潮に乗って北上してきたという説が民族学者の佐々木高明、農学者の渡部忠世から出されるに及んで、古い赤米がまず日本に入ってきたが、その場合には白米と赤米とが一緒に伝播してきて、歴史的には白米が中心となり赤米が排除されたということになった。全体的には、圧倒的に白米が優勢になり、赤米は差別され、やがて排除されたという経緯をとったことになる。

白と赤の対比というだけで説明をしていると不明確な部分がでてくる。というのは、私たちは現在赤飯という儀礼食を大変重んじる民族性がある。赤飯とは白米を赤く染めたものであり、染料は小豆である。小豆は、雑穀文化の畑作に所属する高価な食品であり、小豆で色を付けて白色を赤色に染める。それは何故かということを柳田国男は問題にしていた。そして、日本人は赤色の食物をどんな時に食べるのかという問いを提示した。赤い色でどんな食べ物を作るのかということを調べていたのである。その背景には、日本人は小豆を重んじており、その小豆は雑穀文化に属している。その小豆を使って赤色の米にしたということは、原初において赤米と関係するのではないか、そういう仮説を想定していた。日本人には赤米に対する郷愁というのか、原体験というべきものがあったのである。

それは赤米はなくなっているにもかかわらず、赤米の精神は赤飯として残るということになる。これは赤飯に一つの媒介項を入れることにより、排除という行為ではなくて、習合させる行為でもある。白米を中心にして周辺に赤米を位置づけるという問題がここに見られるのではないだろうか。

原田信男は米と肉を等価値に置き、白米文化を国家が採用したがために肉が排除され、必要とされなくなったと考えた。米と雑穀の関係でいえば、赤米に類する赤飯は第三の実態である、赤飯を生み出しながら、白と赤を習合させるような歴史が生じるということが、肉の問題にもあてはまるのではないか。つまり、肉食を法律で禁止しているのは、それが食習として行われているからであるとみられるのである。食肉の場合、決して厳しい禁令は出ているとはいえない。神社が食肉をケガレとして祭りの時に排除するのは、日本に限らず東アジアの諸民族の場合もそうである。正式の祭りの時に肉類は避けようとする慣習は珍しいわけではない。しかし肉は徹底的に排除されていたのではない。何らかの形で日常生活の中に取り入れられて食べられているにもかかわらず、とりわけ皮づくりと結びつけて排除されるという理由はいったいどこにあるのか、ということが課題として残るのである。

この問題を考える時に、食肉のタブー意識が少ないといわれている南島の、とりわけ沖縄の肉食文化に関しての情報が必要であろうと思われる。

沖縄は初めから食習として獣肉があった。本土の場合主として餅正月であるが、沖縄に行けば豚正月となる。正月になれば朝からおいしい豚肉料理を食べた。「清明祭」とか先祖供養三三回忌などで、本土では精進料理が必要だと考えている行事において、積極的に豚を食べている。食用として猫も犬も食べる。恐らく日本の古代社会の情況そのままを映し出しているといえるのかも知れない。

とくに豚肉が好まれたということは、これまでの研究をみると、猪の肉やジュゴン(人魚)と犬の肉も好まれていた。本土にも平安時代にジュゴンの肉を食べて八〇〇年長生きしたという、八百比丘尼の伝説がある。ジュゴンの肉は珍魚としておいしいものであり、豚肉と同じような味らしい。その後、それが牛肉に変化した。沖縄の場合は牛肉の時代が随分長く続いていた。一五世紀の『李朝実録』を見ると、牛と馬が中心でその皮は神に納めていると記されている。なかには、牛を祭祀用に使う場合と食用にする時とを分けており、禁令も出てはいる。つまり牛を殺してはいけないということで、例えば農村部で葬式の時に大量に屠殺して酒宴を行うことを禁じている。豚肉を多く食べることにより日常生活がディスターブされるというので禁令が出されたのである。屠殺禁止令が出たということは、逆に牛の屠殺が盛んであったことを示しているといえよう。

冠婚葬祭の時に食肉が盛んだったということは、現在もその通りである。沖縄の場合、牛肉は自由に食べていた。一八世紀半ば以後に豚肉になったというのである。豚肉料理はすっかり定着しており、牛肉から豚肉に移った経緯は明らかであった。その情況がそのまま現在まで続いているのである。庶民の食生活の中において、豚肉が大変おいしいというのは人々に初めから分かっていたのであろう。

沖縄は水田稲作農耕がほとんど発達しなかった地域である。稲作が栽培に適さないためなのであり、柳田国男が、南島経由で日本本土へ稲が移ったと考えたのは早計だったかもしれない。一五世紀の農作物の状況をみると、麦とか粟が圧倒的である。稲作もあるが陸《おか》稲《ぼ》が中心であった。その中には赤米も含まれていた。したがって水田稲作農耕に必要な牛馬の利用ということはあまり念頭に入れないですんだという地域の歴史が背景にあったのである。

その場合、肉は自由自在に食べられていたことになろう。本土の場合はそうではなくて、水田稲作農耕が中心であったために、逆に牛馬が食べられなくなったといえよう。それらの処理に対して不浄観が生ずるということと、この点と関係があるのではないかという考えは、原田の指摘にもあるように確かに存在するといえる。

四　皮剥ぎ

次に皮を作る民俗について考えてみたい。皮を剝ぐということは民俗学的に何を意味しているのだろうか。このことについて、思い浮かべることがある。

ドイツの民俗学者ネリー・ナウマンが皮剝ぎについて問題提起をした。それは日本神話に出てくる話である、天照大神が機織り女に機織りをさせている時に、須佐之男命が田の畔を壊した。つまり水田稲作を破壊したのである。そして、斑《まだら》の馬の皮を剝いで、その馬を機織り小屋に投げ込んだ。そのために、機織り女はショックを受けて死んでしまった。そのため天の岩屋戸に天照大神は籠ったという有名な神話である。

ネリー・ナウマンは、逆さに馬の皮を剝ぐということに何の意味があるのかということを問題にしている。私はこれまで多くの神話学者の言っているように、それは農耕祭祀に伴う生贄、馬を生贄にしたという行為と同じではないのだろうかと思っていたが、ナウマンは「逆剝ぎ——天斑馬《あめのふちこま》を逆さに剝ぐこと」に別の意味を発見している。

すなわち逆さに馬の皮を剝ぐということは、そこに祝福の行為があると言うのである。それはもう一度生を呼び起こすための行為なのである。普通、動物は尻から頭の方に向かって皮を剝ぐのだそうであるが、腹部に沿ったところから分けて、分け切りをしない。するとその皮は一挙に肛門から頸部のところまで剝がされる。お尻から頭部に剝ぐというのは、解剖上それが一番いいことになり、それを逆剝ぎと言っている。頭から尾っぽへ向かって剝ぐのは、出来ることは出来るけれど大変面倒であるという。逆剝ぎは皮はぎの専門的な技術で行っていたことになる。だから、須佐之男命が逆剝ぎで馬の皮を剝いだということは、この剝ぎかた、逆さにしたということに強い意味があるのではないだろうか。それは生を呼び起こす行為だというのである。

ナウマンは日本だけではなくて、ユーラシア大陸の様々な地域の逆剝ぎの習俗を、また古い仮面に皮を剝いだ証拠のあるデータを、メキシコ、アステカなどの地域のデータと比較しながら説明しているのである。

逆剝ぎの問題が日本のフォークロアの中にあるかないかを考えてみたとき、想起されるのは石川県、新潟県、福井県に主に分布する「肉付きの面」という有名な伝説である。これは蓮如上人伝説の分布している地域に語られているものである。

嫁と姑がいて、姑が徹底して嫁を苛めた。しかし、嫁は信心深く、蓮如上人の所へ毎晩通っていた。姑はいろいろと難題を課したが、嫁の方はそれを全然気にしないで、仕事を全部やってしまう。そして夜になると蓮如上人の所に行きお説教を聞く。姑は、自分の家に伝わっている鬼の面（鬼女の面）を被り、夜道で嫁を驚かしたが、嫁の方はそんなことを恐れず、平気で家に帰ってきた。姑の方も急いで嫁より先に戻って、布団の中にもぐり込んで、面をとろうとするのだが肉についてしまって仮面がとれない。朝になってウンウン唸っているところを嫁がみつけて、「どうかなさいましたか。これは、すぐに蓮如上人の所へ行ってお祈りしましょう」と言い、お祈りしたところ、姑の顔の肉が付いたまま皮がペロッと剝げて、お面がとれたという。

これは一つの教訓話になる。皮が剝がれてしまったお蔭で、姑の気持ちはすっかり優しくなったという。そして嫁と姑とは仲良く一生を過ごしたという話なのである。蓮如上人の教えの尊さを説くと同時に、その結果嫁と姑の仲がうまくいくようになったという、これは江戸時代に出来た話だと思われる。この肉付きの面、すなわち肉が一緒に剝がれたお面は、先ほどの逆さ剝ぎによる再生のモチーフと通じているのではなかろうかと考える。

奈良県の地名に「皮むけ峠」という所がある。この「皮むけ峠」というのは、かつて村人がその地点を越えて巡礼に出かけるという、村境の峠である。

村の娘が業病（これは多分、当時「らい病」として、差別された病を言っている。ハンセン病は感染力の微弱ならい菌によって起り、現在は特効薬によって無菌治癒できる）になって、ケガレてしまった。そこで、村人は娘を巡礼にして追い出そうとして連れて行こうとするが、娘はいやがり、村に戻ろうとする。そこで村人は彼女を殺してしまい、その皮を剝いで峠の下に埋めたという。これでもう悪いものは追い払ったと思って村人が家に帰ると、家では巡礼にでたはずの娘が生き返っていて、前より綺麗な肌となり健康そのものになっていたという。そして娘は村で幸福な一生を送ったという話である。この娘の皮を埋めたという村境の峠を「皮むけ峠」と言っていた。これら二つのフォークロアは、「肉付きの面」も同じであるが、皮を剝ぐことによって再生してくるという考え方が底流にあるのではなかろうか。

　ところで年中行事の中に、六月一日を関東地方の栃木・群馬県一帯では「衣脱《きぬぬ》ぎの朔《つい》日《たち》」とか「剝《むけ》の朔日《ついたち》」と言っている。どんなことをするかというと、六月一日直前の五月の最後の一週間、村人たちが神社の境内に入ってお籠りをした（今はもうやっていないが）。そこで体を清めて、六月一日の朝、家に戻ったという。この辺りは養蚕地帯で、お籠りの間、桑の木の下で蛇が皮を剝ぐ、あるいはその下に行くと人間の皮が剝けるなどといい、その下へ行ってはいけないという言い伝えになっている。これを「剝の朔日」とか「衣脱ぎの朔日」と言った。ちょうど蛇が脱皮し、新生する日であるという言い方と同様である。

こうした時間が一年間に設けられているということは、人間自身も毎年脱皮、新生していき、皮が剝けて成長していくのであり、一年間を二つに分けて、真中の六月一日を大きな折り目として想定しているわけである。

これは皮を剝ぐという直截な表現ではないのであるが、無意識の内にそういう時間を設定しているということと、皮を剝ぐという行為との関係が示唆されている。皮を剝ぐという専門的な技術を前提としているわけであるが、それが何故重視されたかということは、経済的な条件もあるが、心の深層では、皮を剝ぐことによって新たに生まれ代わるということ、或いは老廃した牝牛や馬が、皮を剝がれることによって生まれ代わるという、増殖機能と不可分に結びついているのではないか。そうしたことが断片的なフォークロアの中から発想されてくるのである。

つまりケガレと皮はぎの問題、さらに肉食という問題については、本質的には〈ケガレ〉が〈不浄〉や〈汚らしい〉という理解に達してくる以前に、人間本来の感覚としてある。それがあるために、人間として生きている。その根本的な部分に関わる深層心理にもとづく機能がある。皮づくりの職人は、或る種のマジカルな力を担い、一般庶民から特別な力の行使を期待されているのではないか。〈不浄〉というものに展開する以前の、基本的な生の部分においてそうした理解が可能になるのではないかということを考えている。

五　民話のなかの差別意識

(一) 予言

民話の内容が地域社会に現実に展開している生活を反映させていることは明らかである。どこにでもあるような一般的な話もあるが、同時に語りの場から発生する社会的制約が大きい話もある。

近年盛んに採集されつつある「現代民話」は、いわゆる世間話として包括されるものである。これら世間話の系譜をたどっていけば、およそ荒唐無稽な奇事異聞が、どうしてその地域に伝わり定着していったのか、どういった内容がその地域で多く語られていたのか、そしてその理由は何であるのか、といった問題が分かってくるだろう。どこにもありそうな世間話のどの部分が、地域住民の心情と密着し得たのかを探ることは、同時に、地域社会の民俗誌や生活史を作る上できわめて重要なことと言える。

小林初枝著『被差別部落の世間ばなし』(筑摩書房、一九七九年)は、被差別部落に伝承されている民話をていねいに採集して一冊にまとめたもので、被差別部落に住んできた人々の日常的話題、人生観などをうかがうのに優れて客観的なデータを提示している。本書の著者は、ここに収録された民話がすべて部落差別に関する話ではなく、「部落外の話題から、身近かな仲間たちの生活に及ぶ広い範囲の内容」だと述べている。この点は大切だと思う。しかし、真正面から差別問題について触れた話は少ないにしても、被差別部落という地域社会に根づいている民話を通して看取できる主題は何であるのかを問うてみる必要があると思われる。

ところで小林は、柳田国男が被差別民を文化の担い手として評価しながら、何故か避けて通ったとし、「柳田国男が捨てた主題を、私たち被差別部落民の手で補う必要があるのではないかと思った」と述べていることは注目される。

この本の中の被差別の地域は、埼玉県K町の東はずれの約三八〇戸で、S町とよばれている。このS町に住む古老たちの語ったいわゆる世間話の内容を検討していくと、いくつかの注意すべき点が浮かんでくる。

たとえば次のような話がある。

〈事例一〉

大正一〇年代のこと、この町の近辺を歩きまわる易者がいた。旅の宗教者であり一定の所に定住せず、神社の軒下や橋の下を宿としている。易を占ってもらう人がいないときは乞食をしていた。門口に立つと、応対に出た家人をむき出すような目でのぞきこむ。そこで村人から薄気味悪がられ、子供には恐れられていた。ある日、乞食易者が百姓家の戸口に立つと、おやつ時で茶を飲んでいた。百姓家では気持よく、乞食易者に茶をふるまった。優しくもてなされた易者は、次のようなことを告げた。

「上の方の、これこれこういう家に、三歳ばかりになるかわいい男の子がいる。総領なので、大事に育てているが、七歳までの生命である。こんなことといったって、乞食易者のいうことなど信じない者が多いだろうが、今は信じなくてもいい。ここの家で覚えといて試してみてくれ」。

その後乞食易者は町から姿を消してしまった。この話は人から人へと伝わり広まったが、やはり信じる者はなく笑い話にされてしまった。そして四年後の夏、その子は予言通り、瓦を焼く土を掘った水溜りへ落ちて死んでしまったという（九九―一〇〇頁）。

〈事例二〉

明治の中ごろ、小学校の先生で易に凝っている人がいた。この先生はおとくという一年生の女の子の担任だった。ある夏の日、先生はおとくを呼び、すぐ帰宅するように命じた。先生の易によると、おとくに死相が現われている。学校にいる間事故にあうと面倒だから、帰宅させようとしたのである。おとくは命ぜられるまま、二キロメートル以上もある道のりを帰宅しようとして、途中まで来ると、すごい雷雨に見まわれた。そこで道端の木陰に身をよせてうずくまっていると、そこに蟻の巣があった。降りしきる雨水がどんどん蟻の巣に流れこみ、蟻がさかんに卵を持ち出そうとしている。そこでおとくは手で堀を作り、流れ水が蟻の巣に入らないよう手助けをした。

一方先生はおとくを先に帰宅させたところ、雷雨となったので、雷に打たれて死ぬ相だったのかと一人合点したが、翌朝元気なおとくの姿を見ておどろいた。そして手相を見ると、生命線が一日で変わってしまっているのを発見した。おとくが帰路の様子を話すと、先生は、おとくが蟻の巣を助けたので、死期をとり逃したのにちがいない。これからうんと長生きするだろうと喜んだという。事実、おとくは八十数年生きたのであった（一〇一―一〇二頁）。

この二つの話から、すぐ想起するのは産神《うぶがみ》問答である。人間の運命を産神である山の神がつかさどり、出産時に命数と運命を予言するという民話は、日本に限られたモチーフではない。関敬吾は、この民話の基本構造を、「一、神の予言。二、予め定められた命令が成就することを阻害しようと試みる。三、運命はそれを阻止しようとしても実現する」という三点に集約している。日本の場合、現実生活の反映があり、水と関係する民間信仰と強く結びついている点が注目される（関敬吾「産神譚の種々相」『民話と文学』第三号、一九七八年）。

産神の予言は、だれもが聞けるわけではなく、多くは旅の六部《ろくぶ》または生児の父親である。該当する子供は年が七歳から一四、五歳ぐらいまでの、成年としての折り目がつく年ごろで、その時期に危機に襲われる。その時点に照準を定めて予言がなされているのである。〈事例一〉、〈事例二〉はともに産神信仰を素地に持つものだが、明治大正時代に旅の宗教者（ここでは易者）がさかんに歩き回っていた事実と照応している。〈事例二〉の場合は、小学校の先生が予言者になっているのがおもしろい。この時代の小学校の先生は、ふつうの人ではない並はずれた能力の持ち主と思われていたのである。

旅の易者は、部落に住む捨吉（明治一四年生）の家を宿にしていたという（九八頁）。捨吉は、後に日蓮宗の信仰に凝り、修行して行者となった人だが、その捨吉がまだ子供のころの話であった。

〈事例三〉

捨吉の両親と易者が話をしているのを子供の捨吉が聞いてしまう。その話の内容は、易者が上方に住む一太郎という青年の手相・人相をみると、この男は一代でたくさんの財産をこしらえる、そして三代先の子孫が遊んでいても困らない財産が得られるという。しかしこの易者は土地の者ではないし、年もとっていて、もはや未来を見極めることはできないのでこの家で見届けてもらいたい、という意味のことだった。

一太郎の家は、高利貸をはじめ、次第に財を増やしはじめ、明治の末期には、町で屈指の地主になった。ただ易者の予言では、三代目はつぶれるか栄えるかの境目だということで、自らの運勢を悟っていたようだった。彼の家のりっぱな石門には「かりの世に固くかためた石の門　永う置くともすぐ返すとも」という自作の歌が彫られていた（九八―九九頁）。

正体不明の旅の易者が訪れて止宿した家が、捨吉という後に予知能力を持った被差別部落の住人だった。長者の家は上の方に住んでいるのであるから部落の外部の者であり、その長者の命運について、捨吉が将来にわたって見定める役割が与えられている。〈事例一〉においても、やはり同様の役割をになわされた家筋が認められていたのである。

そういう家から、捨吉という日蓮行者が出てきて、信者を集めた。「貧乏と差別と災難と相次いで発生し、相重なる家の多かった部落では、捨さんの霊感に救いを求める人びとが日をついで増加していった」（九五頁）と小林初枝は述べている。この行者は夏にかかりやすい霍乱《かくらん》のまじないでも知られていたらしい。

もう一人、部落にはおなお婆さんという日蓮行者がいた。こちらは神がかりになっていたようだ。人の生霊や死霊がとり憑《つ》くと、とびはねて天井に届かんばかりの状態になったり、目をつり上げたり、忘我の境地に入ったらしい（九七頁）。

これは一般にいう「拝み屋さん」の類であるが、旅の宗教者である易者とは別の存在である。この旅の易者がたんなる占い師ではなく、むしろ聖《ひじり》として祈禱術を心得た存在だったことは明らかであり、彼らが、また人の命運をつかさどる民話を部落内にもたらしたことによって、これらが世間話として流布したのであった。

㈡　部落差別

部落差別という切実な問題を、被差別部落に住む人々がどのように認識していたのかという点は重要だが、それに関するいくつかの話が語られている。たとえば、次のような例がある。

〈事例四〉

K町の日蓮宗の寺が、檀家の扱い方に差別があったときの話。

S町のある家から分家に出て、部落外に住居を構えた人がいた。その人は日蓮宗の信者で、死に際になって、自分の家が分家であり、今度はじめての仏になることを打ち明けた。「みんなは死んだら本家の墓へ入ればいいといったが、わしゃあ、あの世まで仮住居でいじめられるのはいやだ。生きているうちいっぺえ分家のために差別されて頭が上がらなかったんだから、せめてあの世ぐれえ、のうのうと暮らしてえから、新しく墓をつくってもらいてえんだ」という遺言を残した。そこで息子夫婦は、その寺の境内に墓をつくろうと寺に申し入れたが、断わられた。それはS町の人に墓地を売った前例がないという理由だった。「部落の者はあの世へ行っても部落が安住の地なんだ」と悟った息子夫婦は、部落地内に墓地を求めて、父親の霊を供養したという（三一―三二頁）。

この場合、本家と分家の差別と、被差別部落に対する差別があり、分家である者にとっては二重苦となっているのである。

〈事例五〉

K町の総鎮守八幡神社に対して一〇月一日に赤飯を供える風習があった。この日は出雲への神送りの日にあたる。総鎮守であるから当然部落の人々も供物を捧げるわけだが、糯《もち》米《ごめ》を作るほどの余裕はないので、粳米《うるちまい》に小豆《あずき》を混ぜて炊いた「小豆飯」を赤飯代わりに使っていた。小豆飯にしろ赤飯にしろ、赤色のハレの食物として用いることに何の違いはないのであるが、「あそこの連中は、よくも恥かしがんねえで、あんなもんを神様にしんぜに来《き》られるなあ。赤飯と小豆飯を並べられりゃあ、神様だって小豆飯に口をつけっこねえ」と嘲笑されるため、部落の人たちは八幡神社へ参拝する者が減った。そして一〇月一日には次第にS町の鎮守の諏訪神社へ参拝するようになった。ここでは小豆飯を笑う人もいないし、「小豆飯じゃあ口がつけらんねえ」と神が怒ったという話も聞かない（一三三―一三四頁）。これは神参りに見られる差別を示す例となるが、部落の氏神には、そうした差別観が生じていない。

被差別部落とそうでない部落との間の民俗に差異があるか否かという点は、従来民俗学上未調査の領域だった。近年民俗調査が次第に可能となってきている。たとえば長野県同和教育推進協議会『長野県の被差別部落の歴史と民俗』（昭和五三年）の中で、亀山慶一は、「一般の村なら当然伝承されている民俗が被差別部落にはまま欠けていること」を指摘して、以下のような事例をあげている。すなわち(1)死後の年忌供養の伝承をみると、一般には三三年をトイアゲ、トイキリとして、それまで年忌供養が行われるのに対し、三年、七年でトイアゲとなっている。(2)寺檀関係についてみると、一般には近世以後特定の村と寺檀関係が結ばれるはずだが、被差別部落では檀那寺を持たない家もある。また葬式は寺に依頼するが、年忌供養は同行（毛坊主）で済ます例もある（前掲書六頁）。

右の亀山の指摘では、それは経済的要因によるものとされているが、たんに劣悪な経済条件のゆえに、民俗として成立していないという説明だけで片づくかどうかは、一考の余地があるように思われる。

周知のように、かつて死後の世界にまで差別が及ぶとする考え方がかなり存在していた。戒名に「革」の字をわざわざつける習俗があり、差別撤廃は当然、死後の平等をも目指していた。過去帳や墓碑の格にまで差別が及んでいたという事実があるからこそ、〈事例四〉のような話が生み出されることになるのである。

関東・中部地方の多くの被差別部落の氏神は白山神社であり、シラヤマ様と呼ばれる。この神社の民俗的意味については、別に論じたことがあるが、簡単に言うならば、シラヤマは死穢を除去する一種の装置を意味するものといえる。だからこれが被差別部落の守護神と化するのも理由のあることである。一般に被差別民に対し、「穢らわしい者を祭に参加させるということは神様への冒瀆」(『長野県の被差別部落の歴史と民俗』一五九頁)として村全体の氏神の祭りに参加させない事例は多い。長野県埴科郡豊科町T部落でも、大正末年、被差別民の一人が氏神の神明宮の参道に灯籠を出そうとしたところ、「お宮にもっていけ」と言われ、お宮の大門の内に出そうとしたら「長吏ッポのものはけがらわしい」と反対を受け、しかたなく道祖神のところに建てたという。この一家と祭りの世話人との間で灯籠をめぐる争いがあり、当時の村長が中に入って、「祭りの仲間に入れる」ということで、神明宮から離れた道祖神のところに建立したのだという。村人たちは「あんな長吏ッポに灯籠をたてさせれば縁起が悪い」と言っていたという(一六〇頁)。

ところが白山様はちがう。白山神社が氏神であれば、そうした差別は起こらないのである。白山様は、子供の神であるとか、安産の神、歯痛の神といった霊験があるが、とりわけ出産にかかわる神だったので、穢れを除去する機能をもっていたのではないかと推察されるのである。

〈事例五〉では、S町の氏神が諏訪神社であり、K町全体の氏神が八幡神社だったから、白山信仰のかかわりについての資料を得ていない。しかし、氏神同士の差別が生じている事例として重要なのである。

次に被差別部落の外部から生じた差別と、内部に生じた差別の質の問題を考える必要がある。

先の長野県の被差別部落の例をとってみると、近世段階では、たんに「かわや」「かわた」と呼ばれていたのが、一七世紀後半には「穢多」となって、長吏職を担うようになった。長吏職とは死罪人の始末、牛馬や獣の皮はぎ、馬道具の作成、城下町の見張り番、牢番などだが、歴代皮革細工を業とする者も多かった。一方では農耕生活を営んでいたのであるから、農業と長吏職の兼業であった。ただし農業といっても水呑層と同じで、敷地が多い人でも一町歩以下で、農業だけでは生活が成り立たないという事情もあった。

この時点では農業を営む日常生活を送っていたわけだから、部落を訪れてくる旅の芸人や宗教者を差別する立場になる。旅人たちは、部落の許可を得て町の中を徘徊していたのである。

「穢多」と旅芸人の身分関係についての興味深い史料によると、貞享四年（一六八七）一日市場村《いちばむら》の「穢多」と「戎太夫・獅子太夫」との間に争論が生じた。これは両者のどちらが身分的に上位にあり、両者間でどのような礼儀がなされたらよいかという争いであった。村役人は、それを「穢多・戎太夫・獅子太夫互ニ当所居村にて礼儀仕候儀者無用ニ可仕候、双方用事有之而出入之事ハ格別之事」と、両者が居村では上下の礼儀をあえて行う必要性のない点を明らかにしている。しかし戎太夫・獅子太夫が、戎や猿楽などで被差別部落に入る際には、「下場之家職」として、「旦那所順行」をつとめ、「穢多之方江宿礼仕リ廻リ申ス可ク候」として、商売の遊芸をする場合、旅芸人のほうが一歩へり下るべき道理を説いている。

また「口寄神子《みこ》」のような下級宗教家たちについては、旅の口寄神子は巫女であって、「穢多」のほうで事を構えることはいらない。実際口寄せを部落でする場合には「相対次第ニ仕ル可ク候」と両者平等の立場にあることを記している。ただし口寄巫女が太夫たちと同様に「世間巡行」で門口に回ってくる場合には、穢多方よりも「下之家職」として、宿礼をすべきであることが主張されている（前掲書一五三頁）。つまり被差別部落の長吏職自身が差別する身分を別に保持していたことが分かるのである。

ところで小林初枝の聞き書には、先の易者のような旅の宗教者に対してもった特別な感覚がよみとれるが、その他の旅芸人等に対する差別観をうかがうことはできない。ただ注目すべきことは、世間話として「オサキ信仰」から派生したと思われる話題がよく語られているということである。オオサキドウカと呼ばれるのは、動物霊による憑物《つきもの》の一種であり、代々家筋についていて、憑物筋の家との婚姻は忌避されている。秩父地方には、オオサキスジの家が多く、ここに被差別の問題が生じている。

〈事例六〉

大正四年生まれの芳吉という話者が小学生のころ。兄と二人で稲刈をしていると、イタチのような動物が眼前を通り抜け、後ろに何百何千匹の群が続いていた。芳吉が驚いていると、兄はあれがオオサキドウカという欲深い動物だと言った。よくみるとイタチとはちがい、ネズミとイタチをあわせた胴体に鶏の羽根を丸めたような尾がついている。兄が言うには、オオサキは那須が原で退治された金毛九尾の狐の尾が風になってオオサキドウカになったという。それが秩父に舞い下りたため、この辺にしかいない。いつも群れを作って悪いことをするので、この辺では陸軍と呼んでいる。オオサキなんていうと家筋のものに怒られるので、そんな呼び名がつけられたのだという。

悪いことをするというのは、たとえば、自分の家の主人の蚕のできが悪いと、よい家の蚕ととりかえてしまう。主人の家の粉がなくなると、よその家の粉を尾の羽根につけて運び込んでくる。つまり主人の家運を富ますのである。だからオオサキ筋の家は暮らし向きはたいがい楽なのだという。主人の家に怨恨をいだく家があると、その家のだれかに憑いて苦しませるともいう。したがってオオサキ筋はみんなからきらわれている。オオサキ筋の家と縁組みすると、一対のオオサキが、嫁か聟の帯や三尺の結び目に忍びこんでくるという。とにかく主人思いの動物であり、家を出る者をも富まそうとするのだそうだ（五三頁）。

この話は、オオサキの資料としても貴重なものだが、類話が一二話も採録されている点に興味がひかれる。

「オオサキ持ちといわれる家と並びの田を持っていた百姓の話」などは、自分の田に豆かすの肥料を散らした翌日、すっかり隣に運ばれてしまったというし、「おらくさん」の家では、大正末の冬の夜中に、オオサキによって粉を全部持っていかれてしまったという。「助さん」はオオサキに憑かれた従妹の「おふささん」によって、一〇匹買った鰯のうち一匹が食べられてしまったという。おふささんに何故オオサキが憑いたのかというと、彼女が近所のおんな衆とやり合ったためであった。そのおんな衆の家が「オオサキ持ち」だったのである。そこで祈禱師が招かれた。祈禱師は油揚げを買ってこさせ、家中をいぶしはじめた。おふささんは何回かくしゃみをした後、いぶすのをやめてくれと懇願し、すっと立ち上がると、油揚げをつかんで外へ出て行った。家族の者が後をついていくと、おふささんは三本辻の所でひっくり返り、家族が抱きかかえて家に連れもどすと、けろりと治っていたという。

いずれからも、オオサキ持ちの家が実際に存在しており、その家と何らかの交渉を持った家にオオサキが関わっていることが分かる。だがオオサキ筋の家の者と、具体的イメージを持つオオサキという動物の行動は無関係のように思われる。つまり家の主人の意志とは直接かかわりなく、オオサキがひたすら主人のことを思って行動するのだと理解されているのである。

〈事例七〉

おしげさんという養蚕で財をなした百姓の家で、ある年春蚕《はるご》がうまくいかず、つづいて夏蚕《なつご》も思わしくなかった。これで大丈夫と思われながら、結果がよくない。おしげさんが原因をいろいろ考えると、自分が「今年も蚕がよく育った。いい繭がとれそうだ」と近所へ自慢した翌日から失敗する。ちょうど自慢しているとき、そこにさっぱり蚕を飼うのが下手な家のおかみさんが居合わせていた。そして、この家は上質の繭を収穫するらしい、どうもこの家はオオサキ筋らしいという噂がたつ。そこでおしげさんは、次の初秋蚕《しょしゅうさん》の時には、蚕に霧吹きでインキを吹きかけておいた。何日か経つと、蚕のインキはすっかり消えたので、例のオオサキ筋の家に行ってみた。するとインキの模様がまだらについた蚕が桑を食んでいるのを発見する。おしげさんがおかみさんに、何故そんな蚕がいるのかと問うと、その家のおかみさんは、実は昨日まで何ともなかったのに、昨夜一晩でこんなになってしまった。春と夏と二回調子よくいったのに、病気が出ちゃあもうだめだ。何とかしてくれないかと、おしげさんが逆に頼まれる始末になってしまったという（六〇―六一頁）。

この話などは、オオサキ筋の家がとりわけ忌避されたというわけではない。オオサキ筋の家だから、オオサキが何かをしでかすと警戒されているらしいが、とりわけ家筋に対して拒否するわけではないのである。

〈事例八〉

著者の母親が体験した話で、大正の終わりごろ娘だった母親が蚕日傭《ひやとい》に行った。養蚕の百姓の家に住み込み、手伝いをさせられるわけだ。夕食後大きな鉄釜を砥石で磨かされたが、磨きはじめると顔にやたらに水がひっかかる。あまり水を使わないのにと不思議がるが、着物まで水浸しになってしまう。それが次の晩もその次も続くのである。仕事が終わって布団に入ると、くたくたに疲労しているのに寝つくことができない。しばらくすると、次の間から、カチンカチンと妙な音が聞えるのでその部屋をのぞいてみるが、何の影もない。そうしたことが毎夜毎夜起こるが原因不明のままで、ついに母親は極度の睡眠不足におそわれ、身がもたなくなり、一銭の給料ももらえず家に帰されてしまった。その後何人も娘たちが住み込んだが、みな母親と同じ体験をする。「常に働き口に渇望していた部落の娘は、渡りに舟というほどの条件でなくても、働く先があると聞けばとんで行くので、こうした目に会うことが多かった」という。

実はその家はオオサキ筋の家だと取りざたされていたという。他の家では無事に勤め終える娘が、ひんぱんに逃げ出すので話題になったという。オオサキが小娘をかまうのだが、働かせておいて給金も払わないで済むのだから、主人の財はふえていく。「オオサキって主人思いの動物なんだな」（六一―六三頁）ということになる。

これも同様に、オオサキ筋の家そのものが非難される口調ではないように思える。被差別部落の娘たちが日傭に行って苛酷な条件で酷使される場合、その家がオオサキ筋であったりすると、酷使の原因は主家を思うオオサキという動物霊にあるとみなされるのである。「オオサキは、欲が深えと同時に、主人思いの動物といわれている」という表現が、オオサキの性格をよく言い当てている。

〈事例九〉

明治末ごろ、鬼寛《おにかん》といわれた草相撲の指導者の話。ある夏の盛りの日に草履作りに精を出していた。竹ッ葉割きの作業は、一枚の葉を三分ばかりの幅にそろえ、錐で裂くことである。これを四本縄の芯に編みこむと草履となる。被差別部落の人は草履作りを業とする者が多かった。一段落して鬼寛が一服していると、鬼寛の爪先がむずむずし、瘤様のふくれ玉が足のつけ根へ向かって動いている。これは魔物のいたずらだと鬼寛は草履の芯にしている縄で、ふくれ玉の前や後ろをしばりつけた。逃げ道を失ったふくれ玉が動かなくなり、鬼寛はそこを目がけて草履作りの錐を刺しこんだ。とたんにそのふくれ玉は消えた。鬼寛は「南無阿弥陀仏、南無阿弥陀仏」と念仏を唱え、足の縄をといた。鬼寛は、「魔物といえども魂はある。せめて最期の成仏ぐらいは見逃してやる」とおかみさんに説明したという。

それから三日後、鬼寛の家から八丁離れた家の主人がやって来て、自分の家のおかみさんが、昨日から寝込んで妙なことを口走る。「鬼寛はあだ名のとおりろくでなしだ、おらが戯れてやろうと思ったらたちまち見破って、おらの背中に錐を刺し込んで、念仏まであげた。あいつには気が許せない」といった意味のことを口走ったのだという。鬼寛は「オオサキのやつにも困ったものだ」と苦笑いして、錐のあとを見せた。男が家に帰ると、オオサキの憑いたおかみさんは、「おらは、恨んでとっついたわけではない。鬼寛のろくでなしを世間に広めたかっただけだ。目的を達したから、何もしなくも出て行くよ」と笑いながら話した後、けろりと治ってしまったという（六五―六七頁）。

この話に出てくる鬼寛とオオサキの関係は、互いに怨念のこもった暗いものではない。むしろ話題としては、鬼寛の才覚をオオサキが賞揚している雰囲気がある。鬼寛のほうも、オオサキを忌避した様子もなく、「魔物といえども魂はある」ということすら発言している。

別の世間話で、結婚の祝儀の最中に、花嫁にオオサキが憑いた話がある。花嫁の口を借りて、自分の主人がこのごろ貧乏して、うまい物を食えないので、そろそろ見切りをつけて出て行こうとしてるところに、この家で祝儀があるので立ち寄ったのだけれど、皆が食べてしまい食いっぱぐれてしまった。その恨みで花嫁にとり憑いたのだと言い、追い出したければうまいものを食べさせろと脅迫する。人々はそこで、祈禱師を頼む必要がないことが分かり、赤飯と尾頭つきの魚を用意して、花嫁を三本辻まで連れ出すと、オオサキはそこで離れてしまったという（六七―六九頁）。この場合もオオサキのいたずらを表わすもので、たとえばザシキワラシや河童などの妖怪と同様なイメージがいだかれている。

オオサキについて、被差別部落の人々はむしろ同情的である。オオサキ筋の家について次のような感慨もいだかれているのである。「オオサキの話を聞く以前は、奉公しながら通学する自分を憐れに思っていた。（中略）大尽にも人知れぬ悩みがあることを初めて知った。人生には、大尽には大尽なりの苦しみがあり、貧乏人にも少しはよさがあって、世の中はそれで持っているものなのだと、己のおかれた立場を見直したという」（七二頁）。この述懐は、被差別民からみた「差別」に対する一つの認識を表現している。この認識は、オオサキ筋そのものを忌避しない思考に連なっているとみることができるだろう。

(三) 血穢

被差別の文化的要因として、死穢に対する観念が強調されていることはしばしば指摘されている。人間や動物の遺体処理を業とすることが不浄＝穢れといった認識をもたらしたことは、一応常識化した考えだといえる。

ところで死穢と同様に血穢もまた不浄観の根幹をなすものだった。とりわけ女性の血穢が女性を被差別の対象としたことは周知のとおりである。死穢の感染空間として差別が成り立つことと関連して、血穢による空間が同様に存在しているかどうかを見極めることが必要だと思われる。

『被差別部落の世間ばなし』には、月経の女性が洗髪することを禁忌としていた話を載せている。とくに一日、一五日に洗髪すると、外出時に難儀するというのである。「月のもんがある時に外へ出て、思わぬ恥でもかいたらたまんねえかんな」（一六九頁）という説明だが、明らかに一日、一五日の神祭りの物忌みとかかわりのあることが推察される。血穢の最中に物忌みを強く課したことが前提となった言い伝えであろう。

出産に関する話は、やはり多く話題となっていた。おことという妊婦の出産にまつわる話では、生まれた胎児が人並みの半分で、ふつうはつづいて胎盤など出るのだが、おことの腹からは袋様のものが排出された。取り上げ婆さんが袋の口を切り開くと、一二人の小人が出てきたという。結局一三人の子を出産したことになるが、いずれも母乳を吸う力がなく死んでしまったという不気味な話だ。行者が介入してきて、これを十三仏の生まれ代わりだとして世間の噂となり広まったのである。出産の持つ神秘性が、こうした話に尾ひれをつけて巷間《こうかん》の話題となったのであろう。

陣痛がはじまっても、妊婦はその間隔が短くなるまでは働いていなくてはならない。いよいよとなれば、産部屋に寝かされ、取り上げ婆さんの手に委ねられた。ただもっと以前には産小屋らしき設備があったことが、「お産女塚」の話からうかがえる（一三一—一四頁参照）。これは川に面した東西約五間半、南北約四間半の円墳状の石塚で、内部に石室がある。これが産小屋に相当していた。妊婦は産気づくと、この中に入れられ、胎児とともに一週間過ごした。そして七夜の日に、家の者が外から声をかけ、石室の中から応答があれば、母子は外に出され、子は産湯を浴び、産婦は体をふいて着物をかえ、ふたたび産小屋にもどされ、二一日間この石室で過ごしたといわれている。

被差別部落で産婆が立ち会うようになったのは、昭和一〇年代以降だった。妊娠すると、「棺桶の中に片足つっ込んでるようなもんだ」という言い方があった(一七六頁)。命がけの出産で、死んでしまえば血の池地獄へ落ちるという仏教の教えが浸みこんでいたことも知られている。

妊婦を血の池地獄から救うためとして、「川施餓鬼《せがき》」が行われた。いわゆる流灌頂《ながれかんじよう》のことだが、ここではより仏教臭の強い表現となっている。川施餓鬼の場合、寺の僧侶が関与した。僧が塔婆と、手拭ぐらいの赤い布に経の文句を書き、祈禱したものを、人通りの多い流れ川の辺りにたてた。赤布を四本の竹に結びつけた形となり、そこへ通行人が柄杓で川の水をかけるのである。次第に赤布の色が褪せていき、お経の文句が消えると、妊婦は血の池地獄からはい出て浮かばれるといった俗信があった。血の池地獄は、女人の血穢を前提に作られたことは明らかだった。血穢からの救済を血盆経の呪言《じゆげん》で可能にするという教えが、仏教の民間化に際し目立っている。この川施餓鬼についても、水によって血穢を浄化する作用が基底にあることは明らかだろう。

女の生命の危機に対し、呪者としての取り上げ婆さんの役割も重要であるが、加えて産神の存在は、民俗一般の中で見逃すことはできない。この辺の産神は産泰《さんたい》明神であるが、その縁起譚が次のように語られている。

〈事例一〇〉

昔、一人の娘が見合いをした。男が娘の出した茶を飲むと、結婚の意志ありと見なされる。その席で男は茶を飲んで帰った。娘は、男が飲んだ茶碗に、冷めた茶が少し残っていたので、それを思わず飲み干してしまう。すると翌月の生理が止まってしまい、妊娠したらしいので、男に打ち明けた、男のほうは一向にその覚えがないとし、他の男と性交したのではないかと非難する。そして男が無実の証として、萱《かや》千段積んで囲い、それに火をつけ、その中で出産したら、自分の子と認めるという条件を出した。娘は自分の無実を証明するため、そのとおりに行い無事出産できた。すると今度は女のほうが、結婚を拒否して、尼になった。尼になったのは、女たちの苦しみを少しでも和らげるためだったという。安産一筋に信仰した尼は、死期が近づくと、自分が死んだら神に祀ってくれ、人の世にお産がある限り、安産の神として女の味方になりたい、という遺言を残した。これが産泰明神の起こりである。

これは生前の苦悩を、死後救済することを約束して神化した人神であり、近世によくみられた霊神信仰の一つのタイプを示している。

この産神の縁起は、出産そのものの大事を示すもので、女に課せられた難行を強調しているが、血穢については直接触れていない。ここに世間話として収録されてはいるが、出産＝生命の誕生を聖なる祭儀とみる意識の痕跡を認めることができる。

血穢という認識について、被差別部落ではどういう実態であったのかという限定は意味がないかもしれないが、少なくとも、血穢を無意味とする産神の存在を大切にする話が語られていたことに注目しておきたいのである。このことは、被差別の根源に横たわる穢＝不浄観をくつがえす有力な指標となる、と考えられるからである。

II 差別の生活意識

一　非・常民の信仰

(一)　柳田国男の常民観

柳田民俗学の多くの業績のうちで、日本の民間信仰については、日本の神に関する問題が主要課題であった。日本の神というとはば広い対象になる。その中で、柳田がもっとも主張したと思われる点は、神社とか大寺院は関係しないままに、民間に伝えられている神々の観念であった。その観念とは、『先祖の話』で表わされた祖霊であったことは明らかである。祖霊という語は歴史的に、どの時代に位置づけられるものなのだろうか、というのが一つの問題である。祖霊信仰を体系づけている民俗文化の担い手は何かというと、ここに常民という問題が浮かび上がってくるのである。

柳田国男の厖大な著作のうちで、常民という語は表現としては三十数回しか使われていないと言われている。その程度の使用例で柳田民俗学のすべてをいえるわけではないということで、あまり常民にこだわらない方がよい、という考え方もある。

しかし、常民という語は、日本の人文科学の中で、人民、大衆、民衆という言葉とは別に、柳田民俗学が概念化した表現である。日本民俗学は、この常民の示す実態に多く依存して展開してきたのであり、民俗学でこれ以上の基礎的な概念は他にないのである。基礎概念として利用できる用語としての常民であるから、常民を前提におかない限り民俗学は理解できないということになろう。民俗宗教あるいは民間信仰を考える際にも、この常民を前提にした文脈の中で捉えなくてはならないと思われる。

まず、常民の実態をはっきりさせなければならない。常民について、われわれが共通理解をもつようになったのは、少なくとも江戸時代の幕藩制社会において、その具体的な実態が捉えられるからであった。つまり、柳田国男『郷土生活の研究法』(『定本柳田国男集』第二十五巻所収)に記されている、農村の中にあって「ごく普通の百姓」というやや曖昧な表現となっている存在である。

一つの村の中には三つの階層がある。それは、まず、名主とかオモヤとか本家とか称されるグループ。次に、農業に従事していない人々がいる。たとえば鍛冶屋とか大工とか木地師のような職人、あるいは旅の商人、山伏、巫女など、要するに、村落共同体の外部から入って来てやがてその地に住みついた階層である。この二つの階層以外の部分が常民と想定された。それは「ごく普通の百姓」であり、かれらの日常生活を研究するのが民俗学である、と述べている。

次に常民を基本にした民俗信仰が考えられてくるわけである。この場合、村の中の上層部と一番下の部分は、はじめからカットされている。常民の中で伝えられている基本的な信仰体系が祖霊信仰である。村落共同体といっても、歴史的には色々なヴァリエーションがあり、江戸時代の独立小農による本百姓体制が出来上った時点、畿内と他の地域との間に地域差はあるが、ほぼ江戸時代の初・中期の段階に、宗門人別改帳がつくられて、そこに独立農民が記載されてくるような段階をさすわけである。全国的にはだいたいそれは元禄期以後の農民ということになる。常民以外の部分については、宗門人別改帳には記載されない場合が多いことも指摘されている。

大雑把に言うなら柳田民俗学は宗門人別改帳にのらない部分をカットした上に成立しているということになる。また前述の三角形の先端の部分にあたる村の上層農民についてもあまり問題にしていない。というのは、名主を中心とした階層は、生活のレベルでは「ごく普通の農民」と違っているという考え方なのである。ただし、上層農民の方は、本家・分家の関係、親方・子方という関係から推察して、必ずしも常民層の枠からはずれていないように思われる。いずれにしても、こういう初めから除外する部分があった上で常民が存在するのであり、こうした常民を主流とした日本民俗学は、当初から一つの限界をもっていたといえるのである。

柳田民俗学に対する批判の多くは、なぜ常民以外をカットしたのかということを追及しているわけである。日本人の日常生活を担っている民衆が、歴史をつくっていく存在であるならば、常民以外の階層を抜かした場合には、民衆の全体像を捉えられないことになってしまう。

ではその部分がなぜ除かれたのか。常民観では、常民が日本文化の基礎にあるという考えであって、常民層が当時の人口からいっても約七割前後を占める「ごく普通の農民」であった。「ごく普通の農民」のもつ日常生活文化を軸にすれば、総体的な日本文化像も捉えられるということから、常民に焦点が絞られたといえる。常民が家を先祖代々伝えていき、祖霊を祀ることを中心とした民俗信仰から祖霊概念が作られたわけであった。

祖霊信仰をさらに具体的にいえば、祖霊の機能の軸に田の神と山の神がいる。この二神が農耕社会では交代すると考えられた。常民の生業は農業であるから、農業を順調に生産させていくような、守護神的機能を軸においた田の神と山の神の信仰体系、それを家制度に結びつけた祖霊信仰がかたちづくられたわけである。だから常民の神としての祖霊は、農耕を守護する存在であって、それは田の神である。その田の神が山の神と同一視される、と説明された。

ところが、常民でない部分がはじめからあって、その部分についての研究はまだ十分になされていなかったのである。常民に入らない人々の絶体量は少ないけれども、彼らの存在は、日本社会・文化に大きな影響を与えているにちがいないという考え方が当然ある。初期の柳田国男の仕事や、その後の宮本常一の仕事にそれは示されている。宮本常一は常民の文化は大切であるが、常民文化に強い刺戟を与えた非常民の部分を含めて研究すべきことを主張した。この問題は、文化人類学における異人論としてもとりあげられている。すなわち、異人は、常民に対してどういう位置づけなのだろうかということである。たとえば山民、漁民がおり、さらに職人集団のグループからも派生している。そして被差別民そのものも対象となる。こうした、主生業として農業にたずさわらない人々のグループの民俗を考えなくてはいけない、ということになるだろう。

問題になるのは、柳田が大正の末から昭和の一〇年代に方法論を確立していく時に、農民を中心にしたわけであるが、常民ではない人々については未着手であったかというと、決してそうではなかった。明治末から大正にかけての柳田の民俗信仰論の中には、非常民の部分が絶えず含まれていたといえる。当時の柳田の用いた用語では、「特殊部落」が使われ、その沿革については、イタカ・サンカの問題を考えていたし、とくに山に住んでいる山人を研究しようという視点が用意されていた。しかし、研究対象としてそれについてエネルギーを傾注する以前に、一つの転換期を迎えた。結局現時点の民俗学では、そうした部分は未解決のまま残されてきているといえることは明らかである。

近年の民俗宗教の研究で祖霊信仰についての結論は、柳田国男の仮説の域を一歩も出るものではなかった。柳田国男を乗り越えようという志向が出てくる時、基層社会を形成する常民に非ざる部分から出発した方が、柳田の仮説を乗り越える可能性が大きいのではないか。

日本社会には常民と「非常民」と、二通り存在したわけであるが、農村社会はほとんど常民であり、「非常民」は歴史の流れの中で常民化してくるわけであるから、実態として両者を明確に分けて考える必要はないともいえる。

常民が祖霊信仰をもっているならば、差別された人々の中の信仰体系はいったいどういうかたちであったのか。具体的な問題を考えてみたい。「非常民」が中核をおいた信仰体系が別に存在しているのではないかという問題である。この非常民の「非常」はあいまいな言い方ではある。「非常」だと非日常的ということになって、常民の日常ではないもの、というように考えられてくる。これに対して、常民とは先ほど言った、ごく普通の農民の日常生活の文化そのものを指している。

ここで、常民に非ざる「非常民」ということになれば、たとえば差別された人々が対象になる。差別された人々は、江戸時代でいえば「穢多・非人」をはじめ多様な職種があった。村落内で常民からはずされた人々は、実際には四〇戸の村ならその約一割ぐらいあったろう。このことは柳田民俗学も認めているわけである。一般に彼らは農耕に従事しないで特別な職業についていたのである。

特別な職業人というのは、どういうかたちで村の中に存在し得たのかということは、例えば柳田国男の論文で「能と力者」(『定本柳田国男集』第七巻所収)に示される。力者というのは大力の持主である。怪力のある人間は農耕に従事しない。人並以上の力がある故に特別な職業についた。力者は寺に仕える承仕《しょうじ》である、つまり力持の男が寺の中におり、鐘つきをしたり、大きな釣鐘を運んだりする。大力を持った者がいて、彼らは農業に従事しないで寺に仕えていた。けれどもそういう人々が次第に村落の中に住みつき、やがて常民と区別がつかなくなったと、柳田はのべている。

力者というのは、力がある故に職業としての農業だけにおさまらないでいるという存在であった。どういう仕事をしていたのかというと、たとえば京の「まち」の中心からはずれた周縁部に、力者が住んでいた。とくに比叡山麓には八瀬童子が住んでいて、彼らはいわゆる怪力の持主であったので、駕籠かきをつとめていた。とりわけ天皇家とか有力貴族に仕えて駕籠をかつぎ牛車を引いた。そういう役割が文献の上には示されている。

民間伝承の上でこうした存在は、村の一隅に住んでおり、昔話などでは、家筋を持った家であり、一般村人からは差別されていた。かれらは怪力をもつ大男や大女で、知力が少し不足していたために疎んじられている、そういう人々は力があるが故に、年一回ハレの舞台に立つことができた。そこで力競べをするのである。関取りとして強力さを保持して特別な時に評価される人々がうまれ、これが職業化して、やがては力士にもなった。いわゆる常民からみてかれらは一種の被差別民といえよう。農耕からはずれた人々ということであり、力があるが故に差別されていた、という見方が成り立つ。

「穢多」とか「非人」といったかたちで、近世の農村に住む常民からはずれた部分で行われる仕事は、多く死の儀礼に結びついていた。彼らは葬儀の執行者として位置づけられていた。これは人間の死だけではなくて、家畜の死とも深い関係を持ち、死骸処理者としての職業である故に差別された。このことはすでに歴史的に常識化している。

こうした死の儀礼に携わることによって差別された人々の信仰体系とはどういうものか、民俗学の方ではまだ十分に把握していないのである。このことは、日本の民俗学が解明しなければならない問題である。

(二) 白山の視点

東日本には白山信仰《はくさん》が非常に多い。各村の氏神のなかに白山神社が祀られている。この「白山」という言葉について、かつてロシア人のニコライ・ネフスキーが昭和初期、国内旅行しながら柳田国男に手紙を送っている。その中で、「いわゆる特殊部落の人達はこれを〈しらやま〉と呼ぶ。しかし一般の人は〈はくさん〉と呼んでいる」と記している。そして、「この〈しらやま〉というのは、オシラ神という東北の固有信仰と関係するのではないか。シラというのは、予言するという言葉であるから、そういう予言祈禱を行う神様をオシラ神と言っていて、その神が部落の神になっている。加賀白山の修験が関係してくるのは、その後ではなかろうか」と指摘している。

〈しらやま〉という言葉は、民俗語彙の分類からみると、「シラ」に注目して再生するという意味以外に、稲霊《いなたま》（稲の霊魂）が生まれ代わるための稲積《いなづみ》、すなわち稲の籾《もみ》を保存する一種の装置に対する名称で、沖縄とか奄美にみられるものである。それはまた南九州の一部にも分布している。稲霊を再生するものがシラと呼ばれていることから、〈しらやま〉が霊魂の再生に関わる言葉ではないかというヒントを得て、〈しらやま〉の呼称が東日本の被差別部落に多いという事実との関連を、以前私は考えたことがある。

この場合、〈しらやま〉は〈キヨメ〉にあたる。つまりケガレた状態を元に戻すということである。〈しらやま〉については、盛田嘉徳著の『河原巻物』に指摘されているように、葬儀にともなって部落の人が作るいろいろな道具類があり、その中に、四本の竹を用い、殯《もがり》に使った喪屋《もや》のような装置を作り、そこに遺体を入れて、野辺送りにするという記録が残っている。〈しらやま〉に遺体を入れることは、この世に霊を呼び戻すというマジカルな儀礼と関係するのではないか。稲霊の再生と人間の再生が不可分に結びついており、それをキヨメと考え、ケガレを除去するという被差別部落の人達のもつ文化創造力に注目していきたい。

二　力の信仰と被差別

(一)　力持のフォークロア

秋田市の太平山の頂上に三吉様という神が祀られている。一般には修験の祀る神格で、火除けや開運といった霊験があるとされているが、この三吉様を主人公とした昔話・伝説が、秋田県、山形県下を中心に語られている。大友義助の報告によって、若干の事例をみてみよう（大友義助「秋田の三吉様」『民話』五号）。

酒田市八軒町にある三吉神社についての土地の言い伝えによると、昔、中平田茨城新田村に三吉という正直者がいた。三吉はよく働き、人々の信望も厚かったが、ある日用事があるといって秋田へ行ったきり消息を絶ってしまった。三吉は秋田の太平山に入り、そこで修行して、神様になったのである。その後安政年間に、三吉様の御神体が新田川を流れてきたが、その姿は巨大で、頭、胴、足が三つの町にわたった。これを川中より拾い上げ、今の八軒町に祀った。三吉様は火除けと相撲の神として崇められている。祭日には奉納相撲が行われるが、この日、体は小さいが物凄い力持ちの男が忽然と現われ、賞品を一人占めして姿を消すという。これはどうやら三吉様の化身らしいといわれている。

山形県の最上地方の話では、奉納相撲にまつわってこんな話がある。三郎という力自慢の若者がいて、九人まで倒して、もう一人で一〇人抜きを果たし、賞品をかっさらうはずだった。ところが一〇人目に一人の男が突然姿を現わした。山のような大男で、髪も伸び放題、ぼろぼろの着物、眼だけぎらぎらしている。この大男はさしもの三郎を一ひねりにして、悠々と立ち去った。人々は、あの大男こそ三吉様にちがいないと言い合ったという。

新庄市の三吉様は、年寄り夫婦がお不動さんに願掛けして得た子供だった。成人して筋骨たくましい力持となった。父のかわりに馬引きをして生計をたてていた。三吉が一八歳のとき、父が死んだ。その後母親に一生懸命仕えていたが、ある日自分は、村の三角山に登って神になるといい、山から戻って来なかった。その頃炭屋の娘が、屋敷の床下に住む大蛇に呪いをかけられ大病となった。この大蛇を殺すには、三吉様の力を借りねばならぬと村人は衆議一決し、三吉様に祈願した。山へ村人が行くと、大きな松の下から、髪は白く、ひげはぼうぼう、着物はボロボロで眼光鋭い三吉様が現われた。三吉は、村人の頼みを聞き入れ、里へ下ると、酒で身を浄め、床下の大蛇と格闘してこれを殺し、ふたたび四斗樽の酒を飲んで、三角山に帰っていったという。

以上から三吉様のイメージは、(1)大男（わずかな例では、小男）で大力の持主である。(2)しばしば力競べをして勝つ。(3)山中に住む異人として描かれている。(4)山中に入る前、里に生活していた。農業ではなく馬引きなどをしていた。(5)山中に入って神化した、といった点に集約されよう。

青森県津軽地方に、大力三十郎と称された力持の話がある。昔、青森県西津軽郡岩崎村に又地三十郎という男がいて、山菜をとってきてそれを売って生計をたてていた。ある夏の日、帆立沢の三本杉という所へ青物をとりに出かけたが、その日は炎暑で、汗が出てのどが乾いて仕方がない。沢へ降りて水を飲もうとすると、川上から一片の雪の固まりが流れてきたので、不思議に思いながら、それを拾って食べた。するとたちまち大力の持主となったという。それ以後、大きな船のような籠をかついで、野菜を沢山とって帰ってくることができるようになり、大金持になったという。

その頃隣りの深浦という村に、やはり大力の船方が住んでいて、三十郎の噂を聞き、力競べにやってきた。その時、三十郎は庭で藁をうっていたが、喜んで船方を家にあげた。玄関に船方のもってきた千石船の大錨《いかり》が置いてあるのを見かけて、それを傘だと思い、誰かに盗まれるといけないとばかり、大錨を軽々とかつぎ上げ、曲がった先端を飴のようにのばして、家の中に持ちこんだ。これを見た船方は仰天し、こんな力持を相手にしては勝目がないとばかり、あわてて逃げ帰った。それ以来、村人は又地三十郎を、大力三十郎と呼ぶようになったという。

この話で興味を惹くのは、夏に雪片を食べて大力の持主になったことである。夏の雪は旧六月一日（炎暑）に降るという伝承は、氷の朔日の全国的な伝承の中に位置づけられ、歳運を改めることから、生まれ代わる、再生するという意識を秘めていると推察できる。三十郎は夏に雪片を食べるまでは、山に入り、山菜をとって生計をたてる貧しい男だった。注意すべきことは、この男は村の中の田畑をもった農民ではなかったこと、この男が大力を得ることができたという二つの点である。大力をもつのに、神霊の働きがあることもわかる。

津軽地方に、別の三人の力持の話がある。

昔、南部、津軽、秋田に三人の力持がおり、名を力太郎、仁太郎、由太郎といった。この三人は旅に出て、ある村を訪れ、村はずれの一軒家に宿を乞うた。一人の女（あねさま）が住んでいて、釜に薪をくべ飯をたいていた。あねさまは、三人の力持を泊めることはできないという。じつは今晩、人を食いに化物がやってくるはずだ。この化物は毎晩でてきて、村人の一軒一軒を襲い、今夜は自分の番であるから、今夜食べられる前に、亡き親たちへお初（新穀）をあげておきたい。それについて貴方たちに迷惑をかけたくないので、早く立ち去ってくれと頼んだ。これを聞いた力持たちは、その化物と力競べしてやろうと、その家に留まることにした。やがて夜更けになまぐさい風とともに化物がやってきた。力持は外へとび出すと、大きな目玉の化物が屋根の上からにらんでいる。三人は化物にとびかかり、引きずり下ろして縄で縛ってしまった。じつはこの化物は村の産土神だったのである。村人たちが、産土神に供物もせず、祭りをしてあげないので、怒って化物になって人を食べていたのだという。

この話からも、力持はふつうの農民ではなく、旅をする存在であり、とりわけ神霊と関わり合いをもち、神と力競べをする能力をもっていたことがうかがえる。なおこの話の基本には、新嘗《にいなめ》の夜に、主婦が祖霊の供物を作るために物忌みをしており、そこに来訪神が現われるというモチーフが存在することが指摘できる。

いずれにせよ力持は、少なくとも定着農耕民としてイメージされるものではなく、あくまで非日常的存在であり、神霊との交渉がつねに背後にあることは明らかといえる。

次の話は、女の力持であり、ここにも神霊の関与が顕著である。昔、大変貧乏な家に、老人夫婦と一人の孫娘がいた。この娘は、丸顔で眼玉がまん丸く、口は大きく、鼻は高過ぎ、髪は赤茶けており、しかも身体は大きくて相撲取りのようであった。この家には田畑はなく、娘は毎日農業仕事に雇われて生計を得ていたが、力が強くて、二人前も三人前も働くので村人から重宝がられていた。しかし醜女であったので、「あねこ」と呼ぶ人はなく、「鬼あねこ」と呼ばれるのが常であった。けれど鬼あねこは心の優しい娘で、少しも怒ることはなく、いつもニコニコしていた。田植えと田の草取りも終えて、百姓仕事が閑な時も、山へ薪を拾いに行き、それを売って米を買い、老夫婦を養っていたという。

ある時、夢の中に、白い着物を着た神が現われ、山の上に松と杉と檜の三本の樹が立っており、その下に小さい清水がある、その水で三度顔を洗うと、髪は真黒になり、美しい顔になるだろうというお告げがあった。翌朝あねこは、山へ行ってみると、たしかに三本の樹と清水がある。清水で口をすすぎ、三本の樹に向かって柏手をうって、三度顔を洗った。すると今までとちがって、たいへん美しい娘に生まれ代わった。この噂が村々に知れ渡り、今まで鬼あねこと呼んで馬鹿にしていた人たちも、ぜひ嫁に欲しいと言い出す始末であった。そのうち、お城に奉公に上がり、殿様に見染められて、奥方となり、幸せに暮らしたという。後に村の女たちがその清水で顔を洗ったが、少しもきれいにはならなかったという（以上三話は、斎藤正編『津軽の昔話』岩崎美術社刊による）。

女の力持も、明らかに神霊の加護を受けて成り立っている。鬼あねこはまた村の中では貧しい階層であり、田地を所有することのできない存在として描かれている。

(二) 女性と怪力

女の力持に対する世間の評価は、この話でも分るように、むしろ女性にとって醜の属性として考えられるものだった。実際女に力があっても、それを表面に出さないのが世間の常識だった。仮に女の力が世間に現われると、非日常的な側面が強調される傾きがあった。江戸時代の随筆類には、しばしば女の力持が好事の対象としてとらえられている。『力婦伝』なども作られ、見世物として女力持が公開されている。「両国にて見せたり、馬を板にのせ、手足にてさし上げ、また立臼をさし、これに米を入れて人につかせ、亦五貫束を片手に持、百匁掛の蠟燭四五挺をもしてあふぎ消す、女には珍らしき怪力、巴板額も一位を譲るべし」(『忘れ残り』上)。

あるいは、「近頃堺町見世物芝居へ、友代と云へる力婦出て世に鳴り、其後も所々へ出たり、渠《かれ》は其前本郷大根畑より出たるよし(下略)」(『奇異珍事録』五の巻)とあるように、女性が示す物理的力は、外見上あり得べからざるものだと思われていただけに、異常視されたのである。

『譚海』十二に、次のような世間話が載っている。二人の姉妹が江戸に住んで、ひっそり暮らしていた。姉は尼として、妹は手習をして生計を立てていた。尼の方は時々むら気を出したり、ひとり言をブツブツ言ったりすることがあるが、日頃は物腰優しく、「うちむかひてかたらふときは、本性なる時、殊にうるはしくなつかしき人也」といわれた。ところがこの尼が思いがけず大力の持主だったというのである。ある時、頼まれた男が、台所の水がめに水を汲み入れていた。水を半分ほど入れたところで、水がめの台の位置がよくないので、どうしたらよいかと妹にたずねた。すると姉の尼が立ってきて、「水がめを持ち上げるからちゃんと直すように」といって、大きな水がめに水が入ったままのものを、左右の手で軽々と持ち上げて台を直させた。水汲みの男はその大力をみて、恐ろしくなって逃げ出してしまったという。

この尼の素姓は、然るべき家の娘だったが、ある家へ嫁に入った。ある時、夫のふるまいに腹を立てて、夫を打ち伏せ、大釜を引き上げてかぶせたりしたので、不縁となり、頭を丸めて妹と一緒に住むようになったという。だが「折々本性のたがへる時は、妹をうちふせてさいなみける、力の強きまゝ、妹なる人も殊にめいわくして、後々わかれ〳〵に成ぬとぞ」という後日談となっている。この女性はどうやら潜在的に大力の持主である。表面上は分からないが、突然本性を発揮することがあり、人々を畏怖させたのである。こうした世間話の中では、女が秘めた大力を発現させると人から忌まれる、ということがあたり前のこととなっていたのであった。

だが女性の民俗学上の位置づけを究明した柳田国男は、「以前には力は信仰であつた。

神に禱つて授けられると信じ、又親から子孫に伝はるのを神意と考へ、力の筋は女に伝はつてよその家に行つてしまふとも言つて居た」(『木綿以前の事』)と指摘している。

『日本霊異記』中巻には、こうした女の力持が堂々と語られている。すなわち「力女、角力試《ちからくらべ》第四」には、聖武天皇の御代の話としてこう記されている。「三野の国片県の郡小川の市に一《ひとり》の力女有り。人と為り大きなり。名を三野狐とす。是は昔三野の国の狐を母として生まれし人の四継の孫なり。力強くして百人の力に当る」という内容である。

この女は、往還の商人を襲って、強奪する女盗賊であった。一方、「尾張の国愛智の郡片輪の里に、一人の力女有り、人と為り小し。是は昔元興寺に有りし道場法師の孫なり」という。

小柄の力女がおり、三野狐の悪業を聞いて、力競べに出かけた。むちを用意していき、三野狐がむちを振うより早く、相手の身体に打ちこんだ。あまりに力が強いので、打つたびに、むちが肉にめりこむという物凄さで、とうとう三野狐を降参させてしまったという。「夫れ力人は、もち継ぎて世に絶え不《ず》。誠に知る、先の世に大力の因を殖えて、今此の力を得たることを」と記されている。

この二人の力女をくらべると、一方は狐を母として四代目の孫にあたり、もう一方は道場法師の孫である。二人は力競べをするように運命づけられており、背後に神霊が働いている。しかも力の筋は代々伝えられて、世に絶えないとされる。前世に大力の因があり、それが次の世代の力持となって生まれてくると述べられている。明らかに力は信仰であり、しかも筋として女に伝わる点が示されているのである。

先に掲げた津軽の鬼あねこの話や、江戸で見世物になった力婦、また世をすねて暮らす大力の尼の世間話などから、そうした力を伝え神霊と関わった家筋をもつ女性の存在の痕跡をうかがい知ることができるだろう。

(三) 力と信仰

さて力持の女の存在は、民俗文化史の上からほとんど埋没させられてしまっているが、男性の力持は、腕力、膂力《りょりょく》並はずれて活動する場があった。力業を職能とする人々がその代表であり、力者とよばれた。明治に入って人力車が著しく普及したが、この車を引く者たちは、明らかに力者の系譜をひく者たちであり、以前の車力とよばれていた者の名残りであった。幕末の頃、江戸浅草に車力太郎兵衛なる者がいたが、彼は大の力持として知られており、この男が持ち上げた石の重さは約八〇貫あったと言われている(『江戸塵拾』巻二)。

村の若者たちが一人前になるための訓練として、力石を持ち上げて力競べすることは、農村の民俗として知られているが、この中でずば抜けた力持がかならず一人や二人いたのである。彼らが村の中でどういう家筋にあたり、あるいはどの階層に属する者であったかはもう分からないが、先の昔話の中に出てくる主人公たちのように、階層差からいえば村の下層に属していたのではないだろうか。たとえば、村の祭りの奉納相撲で、勇猛を発揮して力自慢の世間話の種になったりする。こういう男が後に力士として朝廷に召集され、各国の代表者となったが、元来は村々での代表選手であり、関取とよばれるのも、力の記録保持者という意味が「関」の語にこめられていたからである。

力士の力競べの起原に神霊の存在を予想することはよく知られる。河童に相撲を挑んだという昔話は、そのことをよく示している。河童は、水神が変化したものであるから、神に挑戦したことになるが、それは元来、その人が神霊によって特別な加護を受けるべく約束されていた因縁による。こうした力の者たちは、村の中にあって非常なる家筋に属するといってよく、それ故に、常民からは差別されるように考えられていたのである。

この問題についての柳田国男の見解はすこぶる示唆に富むものであった。近世会津藩の中に、能力という村があり、その近くに万力という村があった。この由来は、この地方の新宮という大社で、毎年の祭りに、郡内一五ヶ村から、各一人の代表選手を出して相撲大会をする吉例があった。それぞれの力士名は、選出された村名がそのままつけられていたという。能力と万力はその中でとりわけ力士として強かったことに由来していたらしい。「能力がただの農民の殊に逞しいものであって、それが信仰を村と繋ぎ付ける、大きな力であったことだけは是で判る」（『能と力者』）と柳田は述べている。

甲州東山梨郡に、力者組という者がいたという記事が、『郷土研究』にある。三輪片瓦の報告によるが、その職業は、力の薬という堕胎薬を売り、堕胎に関係する職能だったというが、詳細は不明である。ただこの力者組は、一定の土地に居住しておらず、宗門人別改帳にも、元禄末年になってはじめて帳尻の方に記載される存在だったとされている。「番太・非人」より上であるが、ふつうの農民より下で、農民より賤められる立場にあったといわれる。同じ甲州八代郡では、これがリキの者とよばれ、馬医をつとめ、女房は取上げ婆をしていたともいわれている（柳田国男『能と力者』）。このように近世には、力持は農地耕作者たちから差別される立場にあったということは、力者の系譜としてどのような理由があったのか一つの問題である。

『庭訓往来』には、「古代ハ力者トテ、剃髪シタル中間ノヤウナルモノアリ、出張頭巾ヲカブリ、白布ノ狩衣袴ニ脚絆シテ、馬ノ口ニモツキ、馬ビサクナドヲ持、長刀ナドヲ持チ、輿《こし》ナドヲモ舁《かつ》ク者ナリ」と記してあり、力者が、馬ひきとか輿かつぎをする、剃髪をした中間《ちゅうげん》のような存在だったといっている。「ちごとわらはをかきのせて、りきしや十二人、鳥のとぶがごとくに行ける」(『秋の夜長物語』)とか、「牛飼は新車に強力をかけ、力者はいろいろに足をふみて輿をかく」(『和久良半の御法』)、「御布衣、御輿、御力者三手供奉、著水二千」(『吾妻鏡』仁治二年一一月四日)といったように、中世社会では、主として輿舁《こしかつ》ぎの力仕事を職能としていたのである。

『梅園日記』には、力者のことがくわしく記されているが、『吾妻鏡』でいう「御輿御力者三手」とは、六人を一組にした計一八人の力者が、輿をかついでいたことを考証している。六尺ないし陸尺という語も、力者の訛った語だというのも『梅園日記』の説である。

一二人の力者が鳥がとぶように稚児と童をのせて行ったなどという描写をみると、力者がたんなる力持だけではないものを感じさせる。その衣裳も白衣で、浄衣を表わすものであったし、剃髪姿も異様である。『太平記』二四に、かつて奈良の仲算上人が木津川を渡ろうとするのに、洪水で舟も出ず、橋もない。水は深いので途方に暮れていると、一人の老翁が現われて、連れの一二人の力者に水中で輿をかつがせて行くようにと告げた。そこで上人は力者の輿で、水中を渡ることを決意した。力者とともに水中に入ると、大河は左右に割れ、上人の輿の通る道ができたと伝える。深い水中を力者が通り抜けるのに何らかの霊力を発揮したらしい。

門跡がのる御輿舁《みこしかつぎ》は、八瀬童子であった。彼らは京都の叡山の麓、八瀬村の住人たちであり、別に鬼の子孫ともよばれたことは有名である。鬼の子孫とよばれた理由は「閻魔、王宮従《ヨ》リ帰ル時、輿を舁《カツギ》タル鬼ノ子孫也」と説明されているからである（『騠驢嘶余』）。つまり八瀬童子は霊界との交信の可能な家筋を出自にしているというのである。また鬼の子孫と言われるからには、里方に住む京の住民たちの山人観の現われとも考えられる。この八瀬童子が一二人一組となって輿を舁ぐのである。各自浄衣を着て、髪を唐輪にわけ、長が一人いて、この者だけ髪を下げている、という風体であった。

このように主として鎌倉時代以降の文献には、力者の名がほぼ輿舁ぎに統一されて現われているのである。

八瀬童子以外には、剃髪した者が多く、力者法師の呼称があった。「沙門ノ形ニ似テ、沙門ニ非ズ」と言われるほどで、僧侶の身分ではなくても、宗教的性格を帯びていたことには間違いはない。ただ職能としての輿舁ぎに統一される前の段階では、もっと力業に種々相があったのであろう。寺院の高僧が外出する際には、牛車や馬よりも、板囲四方輿の方が多用されたらしく、そのため大寺では、輿舁ぎの力業ができる連中を多く従属させていたのである。公家や武家の方でも、輿を利用する際、寺の力者に来てもらったといわれ、力者の需要は高かったのである。そこで力者の中の輿舁ぎが主に文献に書き留められることとなったと、柳田国男は推察している。他の力者といえば、たとえば柳田の指摘した、謡曲「道成寺」にでてくる、「いかに能力、はや鐘を鐘楼へ上げてあるか」というような、寺に従属していて、力仕事に携わったらしい能力とよばれる存在がある。柳田は「能力は法師に近侍する承仕のようなもの」だと言っている。力者組といえるのは、この能力とか、先の相撲に強い万力、強力、脚力に勝れた飛脚、車力曳きなどがあったようである。

力者が寺に奉仕することは、表面的には力業のためであったろうが、これがたんに物理的な力だけであったとは割り切れないところが、今まで引用した資料にもうかがえる。ただその実体は明確ではない。『塵添壒嚢鈔』巻一五に示されている堂童子は、寺に仕える下部《しもべ》であり、堂の傍にいて便宜相応する役だとしている。この堂童子と比較されるのが、今も行われている岡山県美作の二上山両山寺の護法実《ざね》である。護法実は祈禱の依坐《よりまし》であり、僧が祈禱して神がかりさせる存在だった。近世の『作陽誌』には、護法実が、性素朴なる者の中から選ばれ、斎戒沐浴させ、然る後衆僧が護法の祈禱をすると、たちまち狂気して踊り狂い、大声を張り上げ、獣のような状態となり、大力を発揮し、もし穢濁の者あればとらえて投げつけると説明している。明らかに護法実がシャーマニスティックな状況にあることがわかる。この護法実は、こうした依坐となる力をもつ神秘性の故に、元来は寺に承仕のような形で帰属していたと想像される。

力者が神霊と深い関連をもつことを仏教側が吸収すると、たとえば護法実のような存在になったのだろう。力者神社とか、力侍社《りきすの》という名称も当然あってよいものであり、東京都渋谷区の宝泉寺境内の強力権現もそこに入ってくる。神霊に奉仕する司祭者＝奉仕者というイメージが強く、力者神社の名はその反映であろう。そして護法実のように神意を受け止め、俗人に非凡な霊力を示すことも可能だった。そういう存在に選ばれるについては、力と神霊が不可分に結びついており、両者の合体が力者の真骨頂でもあったのである。

だがそれは、想像されることはあっても、実際に史料に示された限りでは、多少霊界に交渉のある点のうかがえる八瀬童子の輿舁ぎによって辛うじて説明できる程度である。輿舁ぎから六尺となり、ついには車力となり人力車曳きに変遷するプロセスにおいては、もはやその膂力と体力のみが表面に押し出されてしまっている。

一方、昔話や世間話の力持の主人公を見ると、その現われ方に、力競べによって神霊の加護を受ける面がすこぶる興味深く描かれていることがわかる。

三吉様にしても、大力三十郎にしても、三人の旅の力持にしても、共通して大力を自由自在に操ることが可能であった。かれらは神化したものもあるし、神に挑戦してこれを打ち負かしたりする若者が主人公となっている話もある。しかもいずれも土地田畑のない貧しい家を出自とする若者たちであった。このことは力持の家筋が、近世村落内において特別視されていたことを示しているだろう。その意味では、差別の対象となっていたことも明らかなのである。しかし、力の根源に対する信仰は村人の意識の中に強固に伝承されていた。常民の存在には、根源的な力が背景に存在することは少なく、したがって力者のもつ大力に対する憧憬と畏怖が交錯していたといえるのである。

大力が非日常的な形で発揮されるのは、神秘的領域に属する場合である。それは力者の呪力によるのが原初の型であったといえる。しかし歴史的変化の段階では、霊力と物理的な力とが分離しており、力者の位置は下落してしまったのだった。そして常民と同じ生活環境の中に定着するプロセスにおいて、元来田畑の耕作を主業としないために、常民から差別されるに至った。

こうした経路が、力持の昔話の中にうかがうことができるのであり、そのことは逆に、昔話の中から、力者の根源的な存在理由を引き出す可能性をものがたっているのである。

三　仏事と神事

(一) 仏教忌避の心情

仏教は、六世紀の段階に、渡来人によって伝播された後、有力な氏族たちによって受容された。そして、日本の伝統的なカミ信仰との間で葛藤と対立をもったのである。このことはこれまでの研究成果の示すところである。永い神仏習合の結果、仏教は日本の民俗社会に根を深くおろしてきているということができるし、現代中国の実態と比較してみるならば、これまで日本においては徹底的な廃仏行為はなされていなかったといわれている。

にもかかわらず仏教忌避の心情が、日本人の潜在意識の底流に根づいていることを発見することは容易である。たとえばよく言われることだが、三人並んで写真を撮ることを避けようとすることがあげられる。特に三人の真中に立つことがいやがられる。それは寿命をちぢめるからだというのであり、現代人の意識の中にも強く残っている。おそらくそこには、写真を撮られることによって自分の霊魂が奪われてしまうのではないかという原始的心意が根源的にあるのだろう。

さらに、これは三人が並ぶとちょうど仏像が三尊並んでいることを連想するからだという。三尊の真中は如来、両脇は菩薩と形は定まっているのだが、この如来がホトケであり、死者に通ずるとされた。つまり民間ではホトケは死者と同等なので、真中に立つと「ホトケになる」と解釈されたというわけである。

一方で、三社信仰がある。三社奉幣というと、ふつう伊勢神宮・石清水八幡・賀茂神社をあげ、三社託宣といえば、伊勢・八幡・春日の三社をあげる。人口に膾炙している三社権現は、『浅草寺《せんそうじ》縁起』の中心にあった。すなわちかつて宮戸川（隅田川下流）辺に住む土師臣《はじのおみ》真中知《まつち》と檜熊《ひのくま》浜成・竹成の三人の漁師が、漂着してきた観音像を拾い上げたことにより、観音像守護の神として祀られ三社権現になったと伝えている。三社の発想は、神が三体として発現する必然性を説いており、三体の出現が霊験あらたかであるという信仰によっている。三体といっても、この場合真中に鎮座する神格が最も強力だとされる。近世に茨城県鹿島地方を中心に広まった三社は、鹿島を中心に伊勢・春日を脇に従える形であった。鹿島周辺の弥勒踊《みろくおどり》の文句にも歌い込まれているように、弥勒舟には「艫舳《ともへ》には、伊勢と春日、中は鹿島の御社《おやしろ》。ありがたや」（『利根川図志』巻六）の三社が鎮座しているのである。それはちょうど水戸黄門が、助さん格さんを引きつれることによって悪人退治をするという図式が、民衆の間に受け入れられたことと相通ずるだろう。

こうしたカミの側に立つならば、三人並びの真中に入ることは決して忌避される必要はない。ところが三人並んで写真を撮る段になると、釈迦三尊の仏教知識の方がより普及していることもあって、仏＝ホトケ＝死者を意識するのである。カミの側の立場を選ぶか、ホトケの側の立場を選ぶかといったとき、日常意識の次元では後者を選択していたことになるのだろうか。

現代の暦においても、結構意識されている六曜の知識のうちで、「仏滅」の日がある。この日結婚式は極力避けようとする。しかしこの「仏滅」は、明治に入ってから大都会で流布したものであり、江戸時代には、「物滅《ぶつめつ》」と表現されていた。「物」と「仏」では、受けとめ方が異なってくる。「物滅」は物をなくす日であるが、「仏滅」の方は、災厄でも「死」を連想するのである。ホトケ＝仏が死者に通ずるという考えがしみついてしまっているわけなのである。

「四」を「死」と連想することは、平安時代の貴族社会にすでにあったとされているが、これを仏と結びつけるのはどの時点からであろうか。民俗的には、寺の年始を一月四日にするのは、正月三ヶ日の間は仏を忌避する心情によっていたことは明らかである。四日以降は寺参りをしてもよいとする習俗が一般的になっている。四日が「死」と結びつくので、寺院の関与がより可能になったとする説もある。しかし元三大師《がんざん》を祀る上野の寛永寺などは、一月三日が縁日なのであり、三日に盛大な寺詣りが行われているのだし、茨城県結城《ゆうき》市の考顕寺では、元日から三日間を、大般若行事の日としている。これらの民俗の歴史的変遷が十分でないのではっきりしないが、正月儀礼の中に、仏が習合してくる必然性は十分に内在していたといえる。

『曾丹集《そたんしゅう》』にある曾禰好忠《そねのよしただ》の「魂祭《たま》る年の終りになりにけり　今日には又やあはんとすらん」という一首は、正月の魂祭りとその機会が亡霊に会うためのものであったことをうたっているので有名である。

『徒然草』第一九段に、「つごもりの夜いたう暗きに、松明《まつ》どもともして、夜半過ぐるまで、人の門たたきはしりありきて、何事にかあらむ、事々しくののしりて、（中略）なき人の来る夜とて、魂祭るわざはこの頃都には無きを、あづまの方《かた》にはなほすることにてありしこそ、あはれなりしか」と記しているのは、亡霊の往来する大晦日の夜の情景描写としてよく知られている。中世の京都では、大晦日の魂祭りは消滅していたが、東日本地方にはまだ残っているといっているのは、都市化とともに正月の魂祭りの方は消滅してしまったことを示しているのだろう。そうなると、正月に対する「仏」の方からの接近は忌避されることになったのではないか。亡霊が出現するから「仏」の供養が必要だとする感覚は、次第に正月行事の中から遠のいていったのである。

㈡ 仏事的盆行事の民俗化

仏事が、正月の魂祭りではなく盆の魂祭りの方に結びついた現象は、仏教民俗の大きな領域を占めている。選ばれた仏事の代表例は盂蘭盆会《うらぼんえ》であり、文献上の初見が『日本書紀』推古天皇一四年（六〇六）の記事であることはよく知られている。前年には、鞍作《くらつくりの》鳥《とり》によって、銅・繍の丈六《じょうろく》（一丈六尺）の仏像が作られ、元興寺金堂に丈六仏像が安置された。「即日《そのひ》に、設斎《おがみ》す。是に、会集へる人衆、勝《あ》げて数ふべからず」とあるように、大群衆が、仏像礼拝のために集まってくるという仏法盛況の年でもあった。そして「是年より初めて寺毎に、四月の八日・七月の十五日に設斎《おがみ》す」とある。この七月一五日の「設斎す」が、斉明天皇三年（六五七）の段階では、盂蘭盆会と表現されているのである。この場合、飛鳥《あすか》寺西において、須弥山の像を作り、盂蘭盆会を設けたとあるから、寺院法会が中心なのであるが、天平五年（七三三）にこの法会にはじめて大膳職《だいぜんしき》が参加したと室町中期成立の『公事根源《くじこんげん》』には記されている。大膳職は、宮廷の食料を司る官職であるから、その趣旨は、大膳職の調えた供物が献じられたのであり、この日天皇自ら、御所内で盂蘭盆会を実修したのである。すなわち寺院とは別に、朝廷の年中行事ともなっていたことがわかる。その目的は、祖霊と新仏の供養のためであり、大量の供物が献じられるのは、「設斎」において共同飲食するためであった。

　盂蘭盆供養のために用意された品は、『延喜式』では次のように示されている。米・糯《もち》米《よね》・竈杵米・黍《きび》米・小麦・大豆・大角豆《ささげ》・小豆、胡麻・胡麻油・醤・酢・塩、昆布・海藻類、青瓜《あおうり》・茄子《なす》・水葱の菜類のほかに果実類。これらを材料として、寺ごとに供物を調製することになるのだが、寺院や宮廷行事の盂蘭盆会が民間の魂祭りとちがいがあったかどうかについては、十分な資料が得られていない。ただ興味深い記事が、『日本霊異記』上巻第三〇にある。慶雲二年（七〇五）のこと、豊前国の宮子《みやこ》の郡（福岡県京都《みやこ》郡）の少領（郡司）膳臣広国《かしわでのおみひろくに》なる者が再生した折の体験談なのである。いったんあの世に行き、亡霊と化してこの世に訪れた機会は三度あった。それは七月七日と五月五日と正月一日であり、いずれも大変飢えた状態になっていて、門口、家内に供養された食物を食べたという。「我、正月一日に狸《ねこ》に成りて汝が家に入りし時、供養せし宍《しし》、種《くさぐさ》の物の飽く。是を以て三年の粮《かて》を継ぐ」というのであるが、注意されることは、亡霊への供物が、民間では「宍」が中心だったらしいことである。こうした肉類は、宮中などの盂蘭盆供養の方では一切忌避されていた。

　また、民間では七月七日のいわゆる七日盆に亡霊が来ているが、寺院では、七月一五日を「設斎」としており、その差異が目立つ。亡霊と食事をともにするという行為が魂祭りの基本であるとするなら、寺院の設けた公的な盂蘭盆会は、民間の魂祭りを七月一五日の方に統一させようとしていることになる。七月中元《ちゅうげん》の行事が、中国伝来の習俗であると簡単に割り切れないわけであるから、七月という月に亡霊を迎える心意があり、寺院行事として一五日が選ばれたということになるのだろうか。

この場合、民俗の中心は、大量の供物を亡霊に食べさせることを主目的としていたことである。朝廷の大膳職が参加する理由はその点にあった。仏教がインドから伝播していく過程でそれは付加され、東アジアにおいて盂蘭盆会は盛んとなった。中国で三世紀に作られたという「盂蘭盆経」には、目連尊者が倒懸《とうけん》の苦を受けている母を救う方法として、毎年七月一五日に衆僧たちのために「飲食百味・五菓」など百種の供物を盆に盛って献納を行うのがよいとしている。このとき魂祭りがあって亡霊が来往するということは直接記されていないのである。むしろ修行僧たちが安居《あんご》を終わった直後は、空腹だから十分食事を与えるべきだということと結びつけて説いているように思える。この行事を、あの世から訪れる腹を空かせた亡霊、つまりホトケたちに食事を供える行為と説明しながら、民俗として定着させていったことが重要である。

『蜻蛉《かげろう》日記』には、「十五、六日になりぬれば、ぼになどするほどになりにけり」とあり、

「ぼにする」ことが、盆供養であったとわかる。それは単純に盆に供物をのせて供えることをさしていたのである。『江家次第』七月の項に、「御盆事」とあり、その中で、「取二御盆物一、居二之於長櫃上一」（お盆の供物を取りこれらを長櫃《ながびつ》の上にすえる）としている。さらに長櫃の上に盆を置くが、盆の上には紙や蓮の葉を重ねて供物をのせたとある。こうした中世の事例は、民俗にみる精霊棚の形式につらなっていることは明らかであろう。

　魂祭りに各家で盆棚を作り、供物をそなえて亡霊を接待する場合、仏檀（壇）から位牌をとり出し、棚の上に置くことが一般化したのは、近世中期以後であった。江戸後期の『守貞漫稿《もりさだまんこう》』には、近世大坂では、仏壇中に「経木ト号《なづ》クル薄板ニ法名ヲ記シ、上下ニサンアル板ニ挟ミ、壇中ニ置キ、供物ヲ備ヘ奠《まつ》ル」のに対し、近世江戸では、「大略仏壇中ニ祭ルヲ略トシ」もっぱら盆棚を作ってそこに位牌をとり出して祀ったとしている。『守貞漫稿』では、東と西の相違点をのべ、江戸の方が崩れた形だと思ったらしいが、ここではむしろ盆棚と仏壇とは、別物の存在だったのであろう。この場合仏壇は位牌を安置した模擬寺院であり、盆棚はあくまで魂祭りのための供物を供える棚と理解されていたのである。本来魂をまつる棚があって盆棚とされ、そこに仏壇が受容され、やがて両者併存する民俗となったと思われる。魂祭りの期間に僧が棚経に来るようになったのは、菩提寺の檀家制度が確立してから後のことで、寺院中心の盂蘭盆会が民間の魂祭りに混入して民俗化していくプロセスに生じた現象といえるのである。

徳川光圀《みつくに》の事蹟を記した『桃源遺事』をみると、ある時光圀が一人の老婆の家に立寄ったところ、ちょうど七月一三日で、老婆は盆棚を飾っていた。位牌があり、その前にいろいろの供物が並んでいる。これを見て光圀は、これらたくさんの供物は本尊にあげるべきもので、「其功徳《くどく》によって、そのこころざす所の霊魂昇脱することとなり」と言い、わざわざ板の上に仏名を記して、盆棚に懸けさせたとある。これによって盆棚には本尊が祀られることになったが、こうした知識人の介入によって、魂祭りの盆棚が仏壇と同質のものになっていくケースはしばしばあったと思われる。

『蘭使日本紀行』には、外国人が素直にとらえた魂祭りの記事がある。「暗《やみ》ニ乗ジテ外出シ、迷游セル霊魂ヲ迎フ、適好ノ地ニ至テ敢テ有形物ヲ見ルニ非ザルモ、之ニ逢フト仮想シ、之ニ向テ曰《いわ》ク、善ク来レリ善ク来レリ、余待ツコト既ニ久シ、請フ休憩セヨト、則チ為ニ食物ヲ供ス、又曰ク遠路来著、疲労察スベシト、米、果実及他ノ食品ヲ地上ニ排列ス、(中略) 即チ食シ終ルト為シ、延《ひい》テ我家ニ誘ヒ、之ヲ清室ニ請ジ、盛膳ヲ供ス、此ノ如ニシテ、既ニ二日ヲ経レバ、街上炬火ヲ焚キ、霊魂暗夜帰路ニ迷フヲ照ラスナリ、衆人皆帰家スルトキ、家背ニ瓦礫ヲ投ジ、霊魂ノ遺存隠匿ヲ防グナリ (下略)」とある。この史料を見ると、人々が亡霊の来訪をすこぶる丁重にもてなしていることがよくわかる。そこには現在の民俗に通ずる民間の魂祭りの意味が伝えられている。魂送りをした後、背面から石を投げて、霊魂とこの世とを一時的に切断するという呪法などは、現在ではあまり聞かれないが、霊の送迎には必要な作法だったと思われる。

『日本歳時記』の著者貝原益軒が、魂祭りにおいて「仏氏の説にまどひ、実に今夜祖先の神霊来臨すとおもひて、かかるよしなし事をなす人多し」と批難していることはあたっていない。盆祭りは、神道と関係なく行われてきたが、仏教の関与にも一定の限度があった。にもかかわらず「今流俗盛んに之を行なう」といわれる一方で「国風は魂祭りを忌む」(『泰山集』)という矛盾した言説がしばしばなされていた。つまり一般の民俗としての民間の魂祭りの上に、仏事が接近し、やがては定着したのに対して、神道は、もっぱらこれを避けようとする姿勢を持っていたといえる。そして知識人社会では、この風潮を「国風は魂祭りを忌む」と表現したのである。

(三) 神と仏のあいまいさ

仏事としては、もっとも緊密な形で民俗化したかに思える盆行事にしても、「国風」がこれを忌避すると評価される原因については、さらに、神と仏の相関関係の中からよみとる必要がある。

神が極端に仏を拒否したことは、よく知られている。たとえば仁安三年（一一六八）四月二一日、吉田神社の祭りが行われたとき、伊予守信隆なる氏人が、神祭を拒否して、仁王講つまり仏事を行った。すると「御あかしの火障子にもえ付て、その家やけにけり」（『古今著聞集』巻第一）とある。しかも隣家ではたまたま神事にしたがっていたために、類焼しなかったとして、その奇蹟が伝えられている。

そもそも「穢悪之事、謂二神之所レ悪耳」（穢悪《えお》のことは、神が悪《にく》むところである）（『令《りょうの》集解《しゅうげ》』巻七）とか、「謂穢悪者、不浄之物、鬼神所悪也」（いわゆる穢悪は不浄そのもので、鬼神の悪むところである）（『令義《りょうのぎ》解《げ》』巻二）といった神祇令の規定と解釈があった。神事にとって「穢悪」がもっとも避けられるべきことであった。この「穢悪」をそのまま仏事に適応させたことが、神事と仏事の対立を決定的にしたのである。「釈云、穢悪二事也、悪者打レ人幷仏事等、穢者上丞下淫等也」（穢悪には二つの意味がある。悪は人に乱暴することと仏事である。穢は上から下まで生活の乱れた状態である）（『令抄』神祇令）という考えによると、仏事は悪であって、人を打つことと同様な性格を示していることになる。仏事が注意されるのは、「悪」であるが「穢」とは見なされていない点である。しかし「穢悪」と並記することによって、神事が仏事を拒否することの説明原理が成り立ったことも明らかであった。

この点を考察する具体例として、神事札の存在がある。神事札とは、一二世紀に都市社会を中心に普及した呪法であり、この札を立てることによって、神事の清浄性の存在を明示する主張ともなっていた。

『常陸国風土記』久慈郡の条には、賀毗礼《かびれ》の高峰に天神が祀られていたことを記している。はじめ天神が降臨した場所は、「松沢の松の樹の八俣の上」という低地の松の木であった。この天神の祟りは厳しく、人がその方角に向かってうっかり大小便をすると、たちまち「災を示し、疾苦を致さしめ」という祟りが現われるために、人々はいつも苦労していた。その結果、「今、此処に坐せば、百姓近く家《いえい》して、朝夕に穢臭《けがら》はし。理、坐すべからず。宜《うべ》、避り移りて、高山の浄き境に鎮りますべし」という神のお告げがあり、高峰の頂きに遷座したという縁起がある。この場合などは、「浄境」は人間の不浄な行為を避けた場所に設定されており、それは神の意志によって画定されているのである。

神事札は、積極的にこうした「浄境」を設定するために設けられたものであるが、とりわけ注目されるのは、この神事札の規制が「僧尼重軽服、不レ可レ有ニ来入一也」（僧尼と重軽の服忌に従っている者は入ることはできない）（『南嶺遺稿』）という点に集約されることであった。水野正好の研究によると、右の文言は神事札に銘記されており、その期間も添えられていた。たとえば、「自ニ今日一至ニ来月十日一、僧尼重軽服幷不浄之輩、不レ可ニ参入一」

（今日より来月十日まで、僧尼と重軽の服忌の者、不浄の者たちは参入できない）（『治承元年公卿勅使記』）などの文言からも明らかであり、その内容が推察される。明らかに神事札には、仏事に関わる者と触穢《そくえ》中の者とが、拒否される対象とされているのである。神事札が立てられている間は、主人は仏閣に入らないし、念仏も唱えない。仏経は別間に移すという仏事に対する忌避が示されている。

興味深いことは、それだけ仏事を忌避しながらも、なお日頃召し使っている尼や入道などについてはこれを憚《はばか》らないという注釈があったことである。また僧尼の記した書状も憚りないと説明されていることであった。つまり「仏」的要素を、日常世界の内側に置くことが可能な場合に限って、これが仏事であってもとくに忌避しないという心情が一方にはあったということになる。こうしたあいまいな情況が、神と仏の間には横たわっているのであり、それが日常生活意識の次元における神と仏の相互関係を一層複雑化させているといえるのである。

Ⅲ　性差別の原理

一　神霊に関わる男と女

差別の文化的要因の究明については、これまで歴史学、宗教学、民俗学などの立場から行われてきているが、十分に解明はなされておらず、日本文化史上の大きな課題の一つとなっている。

しかし性の領域を考える場合、近年の女性史、また女性民俗に関わるアプローチは、問題の核心を次第に鮮明にさせてきたといえるだろう。

たしかに男性優位社会における女性の位置づけに対しては、その文化的要因が強く働いていると思われる。一つは、柳田国男が指摘したような「妹の力」に関するもので、それは巫女、女性司祭者が備えているスピリチュアルな性格によっている。二つには、表面的に「女の穢れ」として不浄視される文化であって、これは生殖能力という女性の生得的な性質と不可分に結びついている。そしてこの両者はこれまで女性の文化の両義性を形成する主要素と考えられており、本来別々に論じられる対象ではないのである。

周知のように柳田の「妹の力」論は、女性の神秘的な霊力が神の妻の立場に伴って発生しており、神に使える巫女と神との間の性交によって神の子が生まれ、代々の家筋が継続されていくという高級巫女の存在によって示されてきた。したがってこの場合、女性の生殖能力が前提となって神霊に仕える能力が発揮されることになる。その典型的な事例がたとえば玉依姫の伝承なのであり、その系譜をひいた斎宮が、女性司祭者として日本宗教史の上で活躍していたことはよく知られている。

近年の義江明子の成果は、女性の霊力の質の問題を再検討したものである（義江明子「玉依ヒメ再考——『妹の力』批判」大隅和雄・西口順子編『巫と女神』「シリーズ女性と仏教」四、平凡社、一九八八年）。義江によれば、玉依ヒメだけに司祭者の特異な力が示されているわけではないことが、賀茂神社の神職継承のあり方から類推され得るという。『鴨県主家伝』にみる斎祝子は、玉依ヒメの系譜を引く存在らしいが、そこには男性神職である祝と交替で神霊に奉仕する形が定着していたという。つまり祝と斎祝子は、男女ペアでセットになっていることになる。義江は、平安期の賀茂祭宣命書などにみえる「アレヲトコ・アレヲトメ」が賀茂県主一族の男女のつとめる役割であり、神の出現、憑依した男性神職と神の妻である女性神職者との間での神婚儀礼、そして神の御子の誕生に至るプロセスを表現する祭事の主役の男女が玉依ヒコ、玉依ヒメをモデルにしていることを類推しているが、興味深い指摘は、斎祝子は年毎の祭祀で神の妻役を演じる女性であるに過ぎず、神に捧げられる聖処女というイメージをもつ必要はなかったという点であった。のちに斎院や斎宮として女性祭祀者が特別視され、それも卜定という神意によりアレオトメとなり、聖処女として特定されるという条件ができてきた。しかしそれは男性と対等に共同体の豊饒を願う女性祭祀者の本来の姿とはかけ離れたものとなった、というのが義江の主張である。つまり「男女の性的結合のエネルギーによる神の活性化」は「自然的生殖」の肯定を原点としているのであり、そこで「産む性」のみを強調することにより、日本社会における母性尊重の特色が顕在化したとみている。

鹿島の大物忌のような聖処女＝高級巫女が女性司祭者の本来の姿ではない、むしろ後世の歴史的所産とみる視点は、たしかに通説に修正を求めるところとなっている。義江説に照応する民俗例について考えてみると、たとえば瀬川清子が注目した愛知県日間賀島の夫婦頭家のケースがある（瀬川清子『女の民俗誌』東京書籍、一九八〇年、一一三頁）。日間賀島では、正月五日までの間に、重要な神事である氏神祭りが行われるが、その折の司祭者は夫婦頭家であった。頭家の妻は花嫁姿で祭りに参加したという。そして氏神のご神体をシンボライズしたと思われるボンデンのシメアゲをするのは、一の頭と二の頭の妻女であり、二人の女性司祭者は、正月一四日の夜、岩の上から海の彼方に向って神送りをするという主要な役割を担っている。正月一四日の夜の聖なる時間に、もし誰かが二人の女神主に出会ったりすると、たちどころに病気になってしまうという言い伝えがある。二人の女性がきわめて霊異のある存在となって顕現していることが分かる。瀬川は、女神主の関与は、海の魚を多産にする必要から行われたとみている（瀬川清子、前掲『女の民俗誌』）。各地で男女ペアの司祭者が登場する民俗事例には事欠かないのである。その場合、男が扮装して女性の役をつとめるという事例が多くみられている。これは、本来女性が果たした役割については、男性神職中心の祭祀体系となった段階でも無視できなかったことの証拠となっているのである。

次の島根県北浜村十六島の事例も興味深いものがある。この島では定められた一二戸の頭家が一年交替でつとめる。頭渡しの儀礼をみると、夫婦そろって行われる。その際、妻は紋付にうちかけを新調して出掛けた。そして前年度の頭家の夫婦から、頭渡しされ、千鳥がけの盃が交されることによって神祭りの司祭者に位置づけられる。頭家夫婦の子供も、祭事では重要な役割を与えられているというから、一家全員で頭家をしていることになっている。頭家の妻はどうしても必要であり、不在の場合は親類の者が、また後妻ならば娘があたるときもあったという。頭家夫婦が当初から関与していたことは明らかであり、その場合もちろん妻の自然の生理現象は排除されてはいない。

日間賀島には別に禰宜の妻が「神さん」とよばれていて、氏神祭りの際は、夫婦頭家の妻とは別に活動していた。たとえば氏神境内に大釜をおいて、潮を大釜でわかし、青笹で参拝人を祓った。これは湯立のことであるが、明らかに神社巫女の職能の一つであり、男性神主の妻がつとめている。

民俗にみられる女性司祭者は既婚者であり、神社神道にあるような、一生涯清浄を課せられたいわゆる聖処女とは異なっている。神話上の玉依ヒメは、神霊との神婚そして神子誕生、さらに神子の母としての母性尊重の念が加わり、御祖《みおや》の信仰が一つの特徴となったとされ、その基底には生殖のもたらす「産む性」が強調されている。しかし義江論文では、「産む性」も、女性が、貴族社会においては九世紀以後、在地の村落レベルにおいては一四世紀ごろから、それぞれ社会的場から排除されるに至ったことと対抗して強調されたという事実を前提に、それが本来のあり方ではなかったとみている。男女ペアの夫婦であるならば、自然の生殖があたり前であり、産む性や母性尊重を強調しなくてもよいのではなかったかとする義江の議論は傾聴に値するが、一方では聖処女を前提に神婚譚を形成させ、清浄をモットーとする神社神道の高級巫女の系譜が、いかなる理由により聖視せざるを得なくなったのかという疑念が残されていることも事実である。

代表的な女性司祭者の一人、対馬の命婦を調査した瀬川清子は、対馬の命婦について興味深い聞書きをしている。それは神祭りに参加しているときに、月水があった場合は、「けがれなおしに唱える詞」があって、それを唱えればよかったというのである。それは「世の中のちりにまじはる神なれば、月のさはりはなにかくるしき」という和泉式部作と伝える人口に膾炙したものであり、その背後には熊野比丘尼の存在がうかがえるのである（瀬川清子、前掲『女の民俗誌』一三五頁）。

対馬の命婦は、神主の妻であり、命婦を世襲する家があった。その職能は神楽と祈禱、薬の調合もした。命婦の入定伝説もあった。それは畑の中の一坪足らずの所にある椿社という名称のある塚で、命婦籠りともいう。「七日七夜リンリンと鈴の音がしたが、七日を過ぎたら音がせぬので、村の人たちは死んだと思った。行のすぐれた命婦が、それより先の行がないというときに、もはやこの世のたのしみがないので定にいる」（瀬川清子、前掲『女の民俗誌』一二二頁）という。この伝承は修験系の入定行者と同様のモチーフをもっていることが分かる。命婦は神主の妻、神社神道の巫女の位置づけがあるが、月の障りを除去する呪法を具しており、その呪詞は、熊野比丘尼の影響によるものと推察される。

周知のように奄美、沖縄列島には女性司祭者が優勢であり、その際神役につくノロやカミンチュの出産、月経に対する忌みが問題になっていた。月事の穢れに、みそぎをするというよりも、月経が長つづきしたり異常な場合を神女になる兆しとする思考が注目された。

「母から司を譲られるとき、月経がしょっちゅうある場合、それをカミチ（神血）を頂いたという。神の血筋を頂いたということである」（瀬川清子、前掲『女の民俗誌』一〇六―七頁）というカミンチュの言はたしかに暗示に富んでいた。月経は神の血であり、そこに不浄観の介入はない。むしろそれは女性司祭者の要件の一つになっているのである。

神女についての研究史は豊富であり、南島では、神事は女の仕事であるとして、男性司祭者は低くみられたことが明らかになっている。聖地の御嶽《うたき》祭祀には、男女ペアの司祭者が参加するが、御嶽の奥にウブという拝所があって、女性のみしか入れない。祭祀体系の上では、ツカサやユタとよばれる神女に対し、これを支えるカンマガーには男性があたっている。神霊との交流は女性司祭者に求められることは、一方で神に奉仕する、イツクことを職能とする本土の高級巫女に相当することになろう。

前記義江論文はこれらを特殊な事例とみており、南島に共通するオナリ神信仰は、男女ペアの司祭者のあり方からみると異質とみなされる。本来は自然生殖を基軸とする男女が対等の立場で、神霊に奉仕するものであったのが、高級巫女ひいては聖処女の清浄性を強調する女性司祭者に限定されるという変化があったとするならば、これは血穢の観念の変質と軌を一にするものになるのではなかろうか。

二　血穢の民俗

土佐の本川郷寺川の村々のことを記した『寺川郷談』に、

此山分にてきれいなるものは火也、家により一代火を消さず持《もち》つたへたる家も有、女月水なれば、火もやとて別屋有て夫《それ》へ退く、兼て世帯道具を入置き、夫へ退き別火する也、福者は面々に一軒づつ有、貧者は村中組合に一軒有、火喪屋と云、喪の内は家内へ曾て来らず、おはりに成かみを洗い、衣服をすゝぎてかへる、勿論外のはたらきはつとめ、乳のみ子持たるものは門前へ迄来り、よひ出し乳のませてもとし、其身は又火もやへかへる

という一節がある。

土佐の山間部の村々での民俗的事実であるが、江戸時代の各地でいわば民俗知識化した現象である。基本的には火を別にする、火を汚すという説明で、月水が忌避されている。

ここでは火モヤと称する別火のための別小屋が用意されたが、伊豆諸島の場合は、文字通

りヨゴレヤ、ヨゴラヤという汚れ系統の語が付せられていた。しかし一方にはまたヌヒマヤ（暇屋）、コイエ（小家）の語もあったから、一概にすべて不浄視されていたと断定するわけにはいかないのではなかろうか。

利島の古老の記憶によれば、明治二〇年代に、島に四軒のコイエがあり（当時全戸数六〇戸ぐらい）、各家の女たちが、月事に使うコイエが決まっていたという。二〜三坪の小屋で、女たちは食糧とモシキ（薪）とを持って出かけ、三度の食事をこしらえて食べた。日中は山で働き、夜間は家に帰り寝る。七日間過ぎると、寒中でも海に入り髪や身体を洗い、その後ふつうの生活に戻った（大間知篤三「伊豆諸島の忌小屋」『伊豆諸島の社会と民俗』慶友社、一九七一年）。

月事の女は、別火の食事を食べ、寝所を別にすることが原則だったが、加えて神社参詣を遠慮することがあった。とくに、ホーリ（神主役）の家での忌は厳重で、そこの女たちは月役になると家に居れないので親類の家に泊りに行かなくてはならないし、他家の月役の女たちはホーリの家に近づけないとされていた。この点は、女神主の権限が強いとされる前記日間賀島でも同様であり、別家の食事をとっている最中は、神棚に近寄ってはいけないというタブーも課せられている（大間知篤三、前掲「伊豆諸島の忌小屋」）。

八丈島の事例では、月経小屋はタヤ（他屋）、タビ（他火）といった。近世には血穢の小屋は山林の奥に作られていて人里から隔離されていたが、次第に部落に接近し、屋敷内にも設けられるに至ったという。籠もる期間は長期にわたるといわれている。たとえば「年中に己が家にあることわづかなり」という『八丈実記』の記述のように、月に約一五日間も他屋の生活を送ったといわれる。

正月には、タビ・タヤという名をよぶことすら忌んでいたという。土地の鬼神は月水の者が家に同居すると大風をおこすともいった。明治初年の段階に、正月の神祭りの際、もし妻がタビの生活にあれば、夫もタヤに泊っていなければならないとされた。正月の一五日間を経て、タビから帰り、体を洗ったとしても、妻は外ノ間までしか行けない。一五日に〆飾りを除いてから、初めて内ノ間に入ることができたという。つまり神祭りの集中する正月行事に、月役の女性が、血穢のため徹底的に忌避されていたことになる。

注意されるべき点は、その間夫婦がともに穢れのタブーを課せられていたと思われることである。そして神祭りの神役や司祭者の周辺から排除されるべき性格が顕在化していることが明確であった。問題はそれが人為的な作用によるものか、自然発生的なものなのかという点である。

ここに昭和五二年段階の一つの民俗事例がある。福井県敦賀半島の白木に残る産小屋の話である。

この地域では、産院を出た妊婦は、真っ直ぐに帰宅はできず、村の入口にある産小屋に入り、産後二四日間をそこで過ごすのである。産小屋は、六畳一間、現在では新建材でトタンのモダンなアパート風のつくりになっている。食事は自宅から母親が運んでくるし、おむつも洗ってもらうから、妊婦のする仕事はほとんどない。夜には母親が来て一緒に泊るという。

土地の人たちは、この産小屋に入るのは、出産に伴う血の不浄を避けるためだという以前からの説明を信じている。忌みのかかった女性が、もし村内に入りこめばその穢れが広がってしまうという考えもあった。また穢れのある者と、同じかまどで作った食事を一緒に食べると、火をとおして穢れが家族の間に広がるとも考えられていた。そしてそれは漁の守護神・龍神の祟りのためであると説明されていた。現在は妊婦だけに対する禁忌だが、以前は月事の女も該当していた。月経の間、家族と一緒にご飯が食べられないため、仕方なく、納屋とか外で食べたという。

興味深い点は、産婦にとってみると苦労して子供を生みながら、穢れているといわれるのは不当だとする不満が当然あるけれども、他方では、穢れといわれても身体が十分に休まるのだから良いではないかという認識もあったことである。以前女性の日常は重労働のくり返しだった。山の斜面の田畑を耕す一方、とれた魚を背負って、山道を歩いて敦賀まで行商した。また山へ行って薪を集め、これを売って歩いた。いずれも生計にとって重要なことであったからである。その忙しさを出産の前日まで続けなければならない。だから産後に産小屋に居る生活は産休としての実益が伴うというのである（『読売新聞』一九七七年一一月二〇日付）。

しかしこれは現代の産婦が、以前の習俗を巧みに現代風に使いこなしての感想であろうから、コヤの隔離生活が穢れという物差しで判断される気風を助長させた事実は否定しえない。

ただ断片的な部分ではあるが、月事の最中でも、女性は日常の仕事に従っていたこと、神祭りには、夫婦そろって、祭りの場から隔離される例もあったことは注目される。

南島で月事が特別に忌まれないデータはしばしば報告されてきた。糸満の女性などは、月経があっても、平常どおり魚の行商にたずさわっているし、現在沖縄で月事を忌むことを伝承している人たちも若干いるけれども、彼らはその地域で知識人と目されている階層なのである。月事を忌む考えは本土の影響によるのだろうという指摘もある（鎌田久子「南島生活誌――月事のこと」『女性と経験』復刊一号、一九七六年）。

明治初年の神道政策の中に、神社が従来一家の私有のようになっていることに鑑み、世襲化にしないで土民とは別に神官が国家の職員となるべきことを説く太政官符が布告されて以来、地域社会の習慣としてつづいていた別小屋の制度が、神社周辺の地域から急速に失われていった事情を、前記瀬川は興味深く説明している。たとえば日間賀島では、土地の老人たちが「明治天皇の御命令で、女たちの小屋の生活がなくなり、国民の体格をよくするために肉食のけがれの禁忌を許された」（瀬川清子、前掲『女の民俗誌』二四頁）とうわさし合ったことが聞書きされている。

「人間がたっしゃになったか、神様がへボくなったか、タヤにおらいでもよくなったのは、神様が往生して罰をあてなくなったのだろう」「明治の中頃、世の中が文明開化になってコヤのときにも母屋で食事をするようになった。はじめのうちは、おとましいようで心がとがめた」（瀬川清子、前掲『女の民俗誌』三〇頁）といった聞書きは、神社神道によるタブーが明治になり消滅して、穢れ意識から解放されていく雰囲気をものがたっている。

三　成女の期待

月経に対する本来の感覚には、有名な神話上のヤマトタケルとミヤズヒメの説話にみられるように、「不浄」とする観念はなかったはずである。のちに『延喜式』では、月経を「一身の穢」と表現しているのだから、他に伝染する死の穢れとはちがっている。また「赤汗」という表現もとられており、一身から出る汗のような生理作用という理解もあった。「凡神事ニハ血ヲ忌ム、血ノ出ル間ハ忌ムベシ」（『神祇道服忌令』）という、流血そのものが禁忌の対象となったとすれば、大量の血が流出する現象が本来の穢れということになろう。神社神道の確立にしたがい、産穢の規定も中世の『諸社禁忌』などではかなり厳しくなり、『延喜式』の段階よりも厳重になっている。

近世の『殿居袋』に示された触穢の制をみると、産穢については、女が三五日間と延び、さらに夫に対しても七日が課せられていた。仮に男が離婚していても同様の期間が設けられている。夫は七日間遠慮、流産の場合五日間遠慮となり、女性の方は、一〇日間遠慮とされていた。「遠慮」とは武士が登城することを避けることであり、将軍家の神社参詣に際しては清めが行われた。その際の服穢についての細かな規定が定められており、その中で「忌服産穢月水穢の者と同座同火すべからず」とある。また「脱肛痔其外腫物《はれもの》膿の出血」は流血であっても、「供奉苦しからず」としている。

流血による穢れという認識がごく自然にあることは否定できないだろう。傷口、腫物などによる出血に加えて、女性の毎月の出血を月水と表現したが、さらにその出血が大量にあり生命に関わってくる、出産に対する潜在的な恐怖感が生じていたのではないだろうか。

棋垣実によると、産の忌みと死の忌みという、生と死に関わる二つの不浄観は同根の思考から発生したという。そして不浄の観念は、これを汚ないとする感覚とケガレとする感覚という異なった要素から成り立つものだと指摘している。たとえば便所を「ご不浄」というのは、江戸時代中期以後の現象であり、排泄物を汚ないと感じていた表現であるが、これをケガレとは感じていなかったと述べている（棋垣実『日本の忌みことば』岩崎美術社、一九七三年、五三頁）。これを不浄とみたのは、都市民のデリカシーによるものであり忌みではなかったと判断されている。

そもそも女性の赤不浄は、血に対する畏怖からはじまったことは明らかであるが、出血そのものに対する畏怖感と、それは汚れたもので避けねばならないという認識の間にどのような思考が横たわっていたのかを究明することが、一つの課題といえるのではなかろうか。

女性の生理について、合理的な説明が出来にくかった段階では、いずれも人知を超えた神秘的領域と関わる現象と解されていたにちがいない。とりわけ出血が、殺傷の際に生じ、それが結果的に死と結びつくというのは、当然であった。大量に出血すると、死に至るのではないかという自然の恐怖感がまずあった。そしてその背後に特別な神霊との関わりを信ずるむきも生じたのであろう。

出血と死亡は、とりわけ狩猟の対象となった獲物の状態から判断できたが、出血と妊娠との関係は、古代人がこれを科学的に説明できるわけがなく、超自然的領域に属するとみたのもごく当然であった。

出産や月経のように男性にはなくて、女性にのみ備わった出血作用は、男と女の差異を明確にする要素だという自明の理がある。その場合、出血→死という関連を考えれば、それに関わる女性に対して男性側から畏怖観が生じたといってよいのではなかろうか。女が上位であり男は下位になるという考え方もそこに必然的に生じたと予想される。

女性の出血が恐れられていたことから、忌み言葉が生み出されたとすれば、当然月経にまつわる忌み言葉が使用されたことになる。前記棋垣実の研究によると、月経の忌み言葉を分析する過程で、血への恐怖が「ケガレ」として意識され、忌まれ続けてきたのであるが、それを「ヨゴレ」と感じたのは、むしろ第二次大戦後のことであるという。ちょうど「ご不浄」の発想と同じく、都市民のデリカシーが月経を羞恥心と結びつけたものとみられる。

女性にとって月経は成熟期の到来を告げるものであり、民俗学的には成女式と軌を一にする段階であり、それに伴ってさまざまな儀礼がある。初潮の時期は、民族間に差異があり、また個人差もあるが、概して一二、三歳―一五歳ごろまでであり、その際共通して、娘たちが隔離され、再生の儀礼に従う（ファン・ヘネップ『通過儀礼』綾部恒雄・裕子訳、弘文堂、一九七七年。エリアーデ『死と再生』堀一郎訳、東京大学出版会、一九七一年）。

そしてこの現象は、部族社会に限られたものではなかった。日本の民俗事例のなかにも、成女式について血との関わりを示唆するものが多い。

たとえば、浜松市では、かつて女子が初潮になると、隣家から米二、三合を袋に入れて贈り、「初花が咲いておめでとうございます」と祝いの言葉を述べると同時に、女子は別に建てた小屋に入ったという。三宅島の阿古部落では、女子の初潮をハツヨゴレとよび、親戚中が集まって大騒ぎをするが、その折、お頭つきの魚や鮨を、若衆たちに届けたという。またこの儀礼をハツカドとよんでおり、ハツカドとは別小屋の意だった。ここにハツヨゴレ、ハツカドというのは、初潮と別小屋との関連性が示されている。青が島では、初潮の娘がはじめてこもることを初他火と称した。初他火の際には二人のつきそいがある。一人をボウトギとよぶ。ボウトギは、娘が誕生した折の仮親がつとめた。他火小屋への行きと帰り、その後の祝いまで、身のまわり一切の世話をする役である。他の一人はソバトギといい、親戚の女子がつとめ、走り使いをした。このソバトギをつとめる女の子には幸運があるといわれている。小屋へ入る時には、食器のほかに裁縫道具、日用品などを入れた箱膳を一つ持って入る。小屋には鍋釜とむしろ三枚が備えてあった。この小屋には、村の月経中の女性がすでに数人こもっており、年上の女たちから裁縫・機織りの技術を教えこまれることになる。もちろん炊事のやり方も教わるし、行儀作法もやかましかった。一方初潮があると、村の若者たちが、薪（ゴミ）をお祝いに贈ったという。これを「ゴミをつける」といい、薪に各自の名前をつけて、娘の家の門口に積んだ。

初他火のこもりを終えると、娘はボウトギに伴われて帰宅した。それから祝事があった。これをアビ祝いという。これは盛大な祝いであり、餅を搗き、酒肴で馳走をし合う。若者たちに対してはゴミをつけてもらったお返しに草履や手拭いなどを贈った。成女としての社会的承認を受ける儀礼であることは明らかであった。アビ祝いの後、娘の仲間に入るが、はじめの三年間は、盆踊りに加わることは許されず、大声で話したり笑ったりすることも遠慮したという。そしてこの三年間は手拭いを目深にかぶって、他人には余り顔をみせなかったともいう（大間知篤三「成女式」関敬吾他編『日本民俗学大系』四、平凡社、一九五九年）。

こうした民俗事例をみるならば、初他火によって隔離されることは、月経の時間を共有する女性集団に入会することを意味していたのである。その空間は女性同士が性教育や女性としての修練を積む機会という位置づけがされていた。そしてその後、公的に村の一人前の成女として結婚の条件を備えたとされ、若者との自由な交際が許されるのであった。

初潮の段階は、女子にとって成女となった大いなる喜びの機会であるから、はじめからそこにケガレの観念があって「穢れ」に結びつくということはありえなかったといえよう。「穢れ」と一方的にみるのは、男性中心社会になって男の生活意識から説明したものといってよいのではなかろうか。ただ月経時空間を「一身の穢れ」として、出血のときにふつうの日常生活から退隠することはありえた。出産の場合はそれが一層現実的な形をとったのだといえるだろう。

ところが一方で出血に対する畏怖と、他方で子孫の継続という点での出産への期待という二律背反する要素が、血の儀礼には顕著なのである。血穢の観念は、前者の出血に対する要素が強調された観念といえるのであって、より古い時代には稀薄であり、時代が下るにつれて強調される傾きがあったといえる。

四　熊野の巫女

前章で血穢の観念は時代が下るにつれて強調される傾きがあることをみたのであるが、その理由の一つに、血穢が死穢と接続するという理があり、さらには、男性司祭者中心の神社神道が宗教社会の基調となるに従って、女の血穢を特別扱いする意識が強まったことがあった。ただどうもそれだけでは、民間社会の常識として血穢が汚れと同一視されるようなことは生じにくいのではなかろうか。なお別に考えられるべき要素があるにちがいない。

その点では、神道と並ぶ既成宗教である仏教の民間への浸透というプロセスに注意する必要があるように思われる。血穢を一層強調かつ宣伝する段階が、仏教の側にあったのではないかという点である。

神社神道の概念の中で、伝統的女性司祭者が清浄のシンボル的存在となり、聖処女のイメージを突出させるに至った歴史的事実は、一方で神仏習合化のすすんだ民俗宗教のレヴエルにおいても、血穢＝不浄の観念が民俗知識化して、穢れの習俗が日常生活に深くしみわたったことと対置されるのである。

女性そのものを被差別の対象とみる思考は本来的なものではないことを、これまでの叙述の中で説明してきたが、中・近世のプロセスで女性司祭者の穢れ否定論を身をもって体現させてきた具体例は、従来の研究史の上では、熊野比丘尼の存在が筆頭にあげられるだろう。

熊野比丘尼は、熊野信仰を背景とした熊野巫女の別称であり、熊野修験と対等に活躍したと推察される中世の巫女集団である。勧進を行いながら廻国をすすめる「歩き神子」であったが、修験者ほどには十分組織化され得ぬまま民俗化したのであり、萩原龍夫が指摘したように、「巫女はいわば基層文化であって、日本中世社会が歴史的に形成しつつあった熊野三山の宗教文化体系に巫女たちが組み込まれることによって、「熊野比丘尼」なる表層文化が高められ拡められていった」（萩原龍夫『巫女と仏教史』吉川弘文館、一九八三年、七頁）ということになる。

「しゆつりほたい（出離菩提）のため伊勢熊野に詣て給ふより、いせ（伊勢）ひくに熊野ひくにと世に申ならはし侍る。そののち、国々にも尼寺おほくはしまり、悪業の女人をみちひき、ねんふつをすすめ、ほたいの行をなし侍る」（萩原龍夫、前掲『巫女と仏教史』九頁）という「比丘尼縁起」には、悪業の女人に弘法大師の母、北条時頼の娘をなぞらえてその救いを説き、勧進を果たすという常套手段をもっていた。そこで悪業の原点ともいうべき女人の血穢については、前出の対馬の命婦も知っていた例の「月のさはりも何か苦しき」という熊野の独自の信仰があったのである。

萩原の熊野比丘尼についての研究によると、巫女と仏教との顕著な接合が浮かんでくる。いわゆる仏教篤信の尼女は、一般に女聖《めひじり》とか沙弥女と称されていた。その代表的事例が吉野山の都藍尼《とらん》であった。彼女は仏法と仙術をおさめ吉野山に住んで、女人禁制の金峰山登拝を試みた巫女である。都藍は、自分は女身であるが、浄戒霊威に達しており、凡人の女とちがうという自負心をもって金峰山に登山したが、雷雨となって道が分からなくなってしまう。持っていた杖を大地に投げると、それは大樹となり、さらに龍をよぶ。彼女はこれに乗って登山しようとするが、泉のところで進めなくなった。つまり聖域では都藍尼の霊力が通じないのである。

これと同種の類話は、白山や立山にもみられており、都藍尼のトランとはやがて大磯の「虎御前」、トラゴゼにも通じていたという柳田国男の説明もある。柳田はトランがトラ・タラという神がかりすることを表現した古語から派生したとのべている。神話上の高級巫女であった神功皇后はオオタラシヒメと称したが、ここにも「タラ」の語があり、オオタラシヒメこそ、最高の巫女王であったことが暗示されている。

萩原は、こうした尼女たちが熊野に統轄される際、地蔵信仰に関わっていたことを論証している。というのは、神女や巫女がいかに神がかりの技術をもち超能力をもったとしても、仏教の比丘尼たり得るには、地蔵の救済を経なければならないということが、中世には強調されていたからだった。熊野比丘尼は「仏教に包摂された勧進比丘尼」という位置づけであり、基層にある民俗的巫女が、表層文化＝仏教の洗礼を受けた形で比丘尼のイメージが創出されたとみるのである。その点、子授け・子育ての女性の信仰を集めるウバ神や子安神の存在は興味深いものがある。というのは、本来清浄なシンボルである聖処女＝高級巫女には、子を生み育てるという母性の入りこむ余地はないからである。萩原はそこに、「有髪の尼」の「いわば巫女から尼になる過渡の段階」を想定している（『巫女と仏教史』二八五頁）。そこで注目された静岡県磐田郡水窪町の奥山家所蔵の子安神は、写真でみると、豊かな乳房とそれを赤子にふくませている母なる女人の姿であり、気品に満ちた女神像なのである。こうした姿は、月経のない神社の高級巫女だけに限定されたならばイメージされるものではない。この女性は月水があり、男と交わって、子を生み、育てていく世俗の女性なのであり、そうした姿をとる地蔵に表現されている、子育て、子授けの霊験と重なるのである。

そしてそうした母性本能を第一義とした熊野の女人信仰は、熊野三山が血穢を忌避しなかったことから展開したとみられるのである。

世俗の塵にまみれながら、女性のもつ苦悩に対処するという熊野比丘尼の姿を髣髴とさせるのが、彼女たちによる絵解きの機能であった。この点を萩原の研究は詳説している。とりわけ熊野比丘尼は、「観心十界曼荼羅」を絵解きに用いていた。それは各地でヴァリエーションに富む図像を示して、「地獄極楽の絵解き」を庶民に対して行っているのである。人生の段階を経て、やがて白衣を着して閻魔王の許に座して裁きを受ける。その折さまざまの地獄変相を目のあたりに知ることになる。そこで印象深いことは、女たちが地獄でのたうちまわるという図柄であった。真赤な血の海や血の池の表現、そこにはいずりまわる女たちは角をはやしている。熊野比丘尼はそこで血盆経の趣意をのべ、苦しむ女人たちの救済を説いたと想像されているのである。

五　血盆経

熊野比丘尼が扱ったといわれる血盆経に対する中山太郎の研究によると、室町期に偽経として将来された血盆経には、血穢が産婦のみの罪とする意識は稀薄だった（中山太郎「血の池地獄」『日本民俗学』二、大和書房、一九三〇年）。それは中山が紹介している『重刊玉暦至宝鈔』によっている。そこには「婦人生産有難、死後入二此汚池一、謬之甚矣」と、出産のことを感謝しながら死後血の池に落ちるという矛盾をいい、血の池に落ちる罪というのは、出産後二〇日を過ぎぬ者が、井戸やかまどに近づいたり、穢衣を洗って高所に掛けたりするならば、「罪帰家長三分、本婦罪坐七分」となるという。つまりこの場合主人三に対し妻七の割合で、男の方にも三分の罪があるのだという考え方を示している。また特定の神仏を祀る日に、男女が性交をしたり、神仏に血を注いだりする場合、好色、陰険、窩娼、貪酷、遊嬉、局賭、呪詛などに関わった男と女は、いずれも血の池に落ちてしまうという。この文献は、中国の明代に成立したと推察されているが、要するに、血の池に落ちるという罪が、出産にもとづく血穢だけにあるとは断定していない点に特徴がある。ところが日本版血盆経になると、まずその中心に出産の血穢が強調された。血穢を強調することがかえって血盆経をして民間に流布させる主要素になったからである。

中国から伝来した血盆経は異本が多様にあって、流布している日本版は、なかなか集約できない。しかしこの中で重要なことは、女人が血の池地獄に落ちる理由についての共通の説明である。それは「女人産下血露汚触地神若穢汚衣裳将去渓河洗濯水流汚漫誤諸善人取水煎茶供養」(『仏説目連正教血盆経』)というように、出産の折に出た血が地面に流れて、地神に触れて汚すことになる。かつ汚穢の衣類を谷川で洗ったため、その水により多くの男女があやまって茶を煎じて諸聖を供養するという羽目になった。その罪によって女人は血の池に落ちたということである。

これらを考証した武見李子の研究によると(武見李子「『血盆経』の系譜とその信仰」『仏教民俗研究』三、一九七六年。同「日本における血盆経信仰について」『日本仏教』四一、一九七七年)、血の池に落ちるのは出産の血穢のためであるとする説明が、近世に入ると、さらに経水の穢れの方が強調されてくるという指摘がある。すなわち一九世紀ごろに民間に流布したと思われる多くの血盆経の縁起類には、たとえば「女人ト生レタレバ、後生菩提ノ心ウスク、嫉妬・邪婬ノ念ハ深シ、ソノ罪ガ結ンデ経水トナリテ、月日ニ流レ溢レテ地神ハ申スニ及バズ、アラユル神々ヲケガス」（『戒会落草譚』）とか、「凡女人なる者は、王公尊貴の子たりと言えども、而も浄信・梵行の志なく、ただ貪欲・嫉妬の念のみ是深し。故に其罪業は、結びて経水となり、而も月づき流溢して、以って地神、及び山河の霊を汚す」（『幽谷余韻』）といった表現が目についてくる。この点は、江戸中期以降に月水の穢れがすでに民俗知識として定着していたことから受容し易い表現となっていたといえるだろう。

近年、血盆経に関する新しい研究が行われており、新知見が加えられた。松岡秀明は新史料を含めて諸本を検討し、武見論文が言っているように、江戸期に入り月水の汚れが付加したというよりは、すでに江戸期以前に出産の血と並んで月水が血の池地獄の原因とする血盆経の存在が立証されるとしている（松岡秀明「我が国における血盆経信仰についての一考察」『東京大学宗教学年報』VI、一九八九年）。したがって血盆経が流布したのは、近世中期をさかのぼり、中世末から近世初期にかけて、熊野比丘尼が好んでとり上げる素材となり得たことになる。

また高達奈緒美は、絵解きの対象となった血の池地獄の図絵を比較検討した結果、血の池地獄から女人を救済するのが如意輪観音の図像であって、それは室町時代末期に日本に渡来し、これが天台系の徒により、広く民間に喧伝されたとみている（高達奈緒美「血の池地獄の絵相をめぐる覚書——救済者としての如意輪観音の問題を中心に」『絵解き研究』六、一九八八年)。なお如意輪観音に特定されていく契機として、たとえば民間における月待で、十九夜信仰などで、女人講との結びつきがみられる利根川流域の民俗事例などから、如意輪観音と月待、子授け、子育て、十九夜などの相互関係が求められるという。

一方では子を生み、子を育てながら、女性はそれをさらに超える力を発揮していく必要性があった。子を生むことも、育てることもしない高級巫女は、男性組織の中で、逆にその面を排除することによって霊威を誇示していたが、仏教の管轄下に入った熊野比丘尼は、女の業として規制された血の池地獄からの脱却を説くことにより、その力の偉大さをより主張したことになるのだろうか。

しかし、いかに熊野比丘尼とても、血盆経信仰の枠組みの中でしか救済を説くことができない立場であり、血盆経の内容を宿命として受けとめた時点から、はじめて救済の機能を発揮せざるを得ないという限界があった。

熊野比丘尼が江戸時代初頭から文献に比較的頻出してくるのに対して、中世に特異な存在の巫女として八百比丘尼または白比丘尼がいた。周知のように彼女は八〇〇歳までの長寿の持主であり、若狭国小浜の空印寺の洞窟にこもって死んだと伝えられる。白髪であったとか、いつまでも若く白い肌をしていたとか、永遠不滅をシンボライズした表現となっている。シラについては別稿で論じたが、要するに生まれかわり、生まれ清まりの潜在的思考がその基底にあった。江戸時代には、その長寿の原因は、かつて尼の父親が山中で異人に出会い、人魚の肉を得たのを、あやまって娘が食べて白比丘尼となったとされる。つまりそれは他界から授かった生命であり、それを可能にする超能力が期待されていたのである。八百比丘尼の廻国は知られているが、とくに白い椿を持って歩いたという伝説も共通している。小浜の空印寺と洞穴とそのかたわらの椿の木は、この比丘尼が入定したことを示唆しており、他方ミイラ化して身体をこの世にとどめ、弥勒出世を待ちつづけるという真言系の行人の入定伝説に対比されるモチーフといえるだろう。八百比丘尼は仏教化した入定巫女であり、入定行者と同類項なのである。

この八百比丘尼は、血穢のことは直接語ってはいない。しかし白比丘尼の白は、清浄の象徴であり、清らかな聖女の面影がそこにうかがえるのである。しかも獣肉ではないが人魚の肉を食べたというタブー侵犯が前提となっているわけであるから、すでに不浄の身でありながら、それを克服して各地に生じた穢れを除去すべく歩き回ったのがその本然の姿であったろうか。よく知られた『康富記』の文安六年（一四四九）五月二六日の条には、京へ若狭より上京した白比丘尼に都人が奇異の思いで参集したこと、「人別ゴトニ料足ヲ取リ一見セラル」というように見物料をとって見世物化していたことも分かる。救済者としての性格が秘められていたと思われるが、これも熊野比丘尼の前景というべき仏教的巫女の一つの型というべきなのだろう。

六　血穢の否定

ところで、伊那谷に居住し中世にそこを支配していた旧家熊谷家にまつわる『熊谷家伝記』はよく知られているが、明徳元年（一三九〇）八月一八日の条に、血穢を考える上で興味深い記事がある。この日熊谷家の館が火事で焼けてしまったのであった。

その折、先祖伝来の、弥陀八幡の尊像もあわや灰燼に帰そうとしたが、それを救い出したのは、当主直常の妻白雪である。白雪はちょうどそのとき月の障りがあるため、屋敷の奥にある蔭屋に籠っていたのであった。しかし籠りを自らとき、八幡の尊像を持ち出した。このとき、留守中の直常は奥の山にいたのであるが、夢を見た。白髪の老翁が出現して、こうのべたのである。「今宵は火難に逢う、老の身なれば既に危ふかりしを、月水の女に助けられ吾身恙《つつが》無きと雖も、和光埋跡之身を穢したれば、早々帰りて行水させよ、併しながら吾が恙無きは、彼女嬢の働キに依てなり。其恩大海浅く須弥山下し、依レ之、自今以後吾住前を月水の女、歩行を赦スなり」（巻二）。そしてそれ以後、この地における月水の女の禁忌は解除され、そのまま江戸時代に至ったという。

このエピソードは、「女の穢れ」の一面をいみじくも浮彫させている。おそらく平地では、厳しい神仏信仰のタブーであった血穢が、山間部の伊那谷の熊谷家周辺ではほとんど稀薄化していた。その因由は、白雪という熊谷家の妻が、家の守護神仏であった弥陀と八幡の像を、たまたま不浄の身でありながら、そのタブーを打破り火中から救い出したからだと説明する。その代償として神仏の側では、それまでの女人禁制を捨て、女人がたとえ月水の最中であっても隔離されたり忌避されないで神前を通行してよいという方針を打ち出したのである。こうした事態は、その地域の人々にとっては、まさに革新の一語に尽きるであろう。

その端緒をつくったのは、熊谷家の当主の妻であり、彼女が月水の状態であったからこそ、逆にそのタブーを打破できる力を発揮し得たのではあるまいか。このことは、神主の妻として神事に携わる場合に、仮に月水のときがあっても、穢れとはしないで対処できる生得的な力を主婦が保持していたことになるのだろう。熊野比丘尼とは異なった方法で、民間社会の主婦たちが血穢を解除しようとする意志が地下水脈としていつの世にも伝承されているのかも知れない。

以上のような点を考えるとき、これまでもしばしばとり上げられてきた富士講の男女観は再考に値するものがある。とくに岡田博、梅沢ふみ子によって紹介されている小谷三志の「ふりかわり」論は注目される。

江戸時代の富士講については、これまでに岩科小一郎を中心として膨大な研究成果がある。その中で注目されることは、当時女人禁制だった富士山において、教義の上では、女人の血穢を否定して女性の登拝を積極的に認めたことであった。その具体例として、庚申縁年に合わせ、寛政一二年(一八〇〇)、文政六年(一八二三)、天保三年(一八三二)、天保九年(一八三八)、万延元年(一八六〇)の年にいずれも女性の富士登拝が行われていた。これは六〇年に一度といいながら、中世以来の他の山岳崇拝の中では突出した出来事なのであった。

そもそも富士講身禄が出現し、富士講の理想世を「みろく世」と認定した思想的営みは、多くの信者たちの意識裡には、元禄元年(一六八八)六月一五日、富士山頂において「男綱女綱のつなぎ替え」が行われたこと、元の父母による天地のふりかわりが実現したことを原点としていた。これはどのようなものかというと、たとえば妊娠において、古来胎児は、男子は左、女児は右に身ごもるというのが、逆になる。出産において、それまでとは逆に女児はあお向きに生まれ、男児はうつ向きに生まれるというケースが多くなったという。また頭から生まれるのが順産であり、足から生まれるのを逆産としていたのが、足から生まれる子供が多くかつ安産で生まれてくるケースが多くなったという情報を提示している。

男と女の関係について、農工商の庶民の間では、妻と夫が対等で仕事をしている。男勝りの女が多くなってきて、そうした店は商売繁昌し、農家の作物の出来もよい。染物屋でも藍がめの上に女がまたがって仕事をするし、酒造りでは女が杜氏の仕事をし、鍛冶屋では女が槌を振っている。こうした発想は小谷三志の陰陽和合の哲学にもとづいていることが予測される。すなわち、岡田博の言によると「陰陽優劣なき和合論」ということになろう（岡田博「解説」『小谷三志著作集』II、一〇—一一頁〔鳩ヶ谷市の古文書〕第一四、一九八九年）。

富士講の小谷三志は、陰陽和合の道を、男女平等の原点としてとらえ、信者に生活意識の転換を求めている。陰と陽を基礎として夜と昼、月と日、右と左、おはんと長右エ門などの呼び方は、いずれも陰の方を上に置く表現である。ところが外国では、昼と夜、日と月、左と右、男と女と反対の表現をしている。もし陰と陽を本来のモデルとするならば、男が上に女が下となるのは間違いなのであるから、「此度はおんながうえになる様、おとこがしたに成てむつび合い和合の心になって、よき子をつくる様に成たり」（岡田博、前掲「解説」一二五頁）といった表現が、小谷三志らによってくり返し説かれていた。性行為において女が上で、男が下ということは、社会体制全てに及んでいくことにより、理想世が実現していくものという予測があったとみてよいのである。

富士講における陰陽和合は、人間と自然の全き調和を前提とした「みろく世」の実現であり、そうした世界観を備えた民衆宗教として位置づけられる。

すでに「みろく世」の次元で、血穢に対する観念は、消滅していたといって過言ではなかった。しかし観念上の否定が、近代以後の社会の中で生活行動を律していくにはまだかなりの時間を要することになる。実際、「性と身分」に関わる被差別の文化要因の発見とその解決は、いまだ容易ならざる課題なのであり、本論はそのためのささやかな試みに過ぎないのである。

七　血の霊力

㈠　経血に対する両義的な見方

京都の祇園祭の山鉾巡行の一部に、女性が参加することがなかば認められることになり話題となった。函谷鉾《かんこぼこ》保存会が、山鉾巡行の囃子《はやし》方に女子部を開設して、女性がお囃《はや》しに加わるのである。これまで祇園祭への女性参加は禁止されており、各山鉾町は慣習として女人禁制を守りつづけていたわけで、女性は鉾を引くことも山をかつぐこともできない。ひとくちに慣習というが、その底流にあるのは、女性不浄観によるものとされている。

この場合、現代において「女人禁制」はまったくのナンセンスと決めつけてしまうのは第三者の立場であるが、当事者は、永年の慣習のルールに縛られ保守的になってしまっている。一方を代表する考えとしては、今さら女性不浄などあり得ない、男女の性差を問わず、熱意のある人が参加希望をもつならば拒否する理由などない、女性の社会進出に対応して、門戸開放は当然の流れであり、女性の参加によって、祭りも大いに盛り上がるだろうという賛成派がある。他方では祇園祭は文化財として慣習を守ってきたことが大切なのだから、女性の参加はやはり拒否したいという考えがある。以前、大相撲千秋楽で、当時の女性の官房長官が総理大臣杯の授与役を買ってでたところ、日本相撲協会の二子山理事長が、これを拒否した。女性は大相撲の土俵にあがってはならないという伝統を守るべきだという主張である。その折の二子山理事長の談話に、時勢は女性の差別撤廃を求めてはいるが、女人禁制をしている社会が一つぐらいあってもいいではないか、といった意味の発言をしていたことを記憶している。「伝統、文化は守っていかなければならない」というのが、女性参加に対するアンチ・テーゼとしてつねに働いているのであり、それはいわゆる「慣習」の強い規制にもとづくことが明らかなのである。

習いが積もると俗と成る、という表現があるように、慣習は民俗の基礎を形成している。そして慣習として概念化すると、抜きさしがたい事態になることもたしかである。たとえば女性が葬儀に参加しても、正式な会葬芳名録には記帳できないという地域がある。女性は別のメモ用紙に名前をひかえるにとどめるという。妻が死んで荼毘に付すとき、夫の方は火葬場へ行かない。その理由は妻は最後まで夫の面倒を見るべきであり、先に死ぬのは不義理だからだという説明がある。依然として戦前の民法による家制度にもとづく慣習が生き残っていることが分かる。女人禁制の民俗は、現実に否定されながら、潜在意識下にあっては、思いもかけないところで噴出してくるのであり、それも伝統や慣習という建て前にもとづき表面化するのである。

女人禁制の支えというべき女性不浄観の原点には、血穢に対する生活意識があることは、これまでの民俗学の成果からも明らかにされている。女性の血については、出産と月経時に問題となる。産室を日常の生活空間から隔離するのが民俗社会における原則だった。産小屋を別棟として持っている地域もあるが、自分の家内でも納戸にして畳を上げて板敷にした。生まれた赤子は産血が附着しているので、産湯で何回も洗い浄められる。使った産湯には血が混じっているので、ふつうに棄てることは許されないので、産室の床を上げて床下へ流してしまう。また血まみれで出てくる後産《あとざん》も馬小屋にもっていって棄てるという事例は多い。ともに産血は穢れているからという認識によっている。

ところが出産が血穢にいろどられているとなると大きな矛盾に出会うだろう。それは子を生み育てる力が、女性の血と深く関わっているからであり、月経の経水を含めて、人間の生殖の営みは、神秘的な行為として永い間意識されてきている。かつて出産は聖なる空間で行われるという原理があった。とくに部屋を模様替えして白色に統一していた。貴族社会ではとりわけ白色の聖なる空間という考え方が一般化していた。白い御帳が垂れ下がり、白い衣裳に包まれた産婦が横臥している図絵がある。屛風几帳が白く、畳のへりも白で統一されるのは、出産に際して産神を迎えるためであるとする説もある。産婦の取上げ婆は、産神に仕える巫女の役割ということになるのだろう。

武田正によると、山形県米沢市田沢の宰津神社では、拝殿の左右に板敷きの八畳間の部屋がある。祭礼のあった翌日に、村の女性たちが、全員そこへ集まり、お籠りした。また夫が山仕事に出かけて長期不在の折に、出産がある場合、この宰津神社のお籠りをした板敷きの間で出産したという（武田正『巫女へ行く』置賜民俗学会、一九九一年、一二三頁）。この宰津神社は、山仕事を生業とする山村の守護神であり、出産を守護する役割を担っている産神なのであり、産血を忌避していないことが分かる。

この点に関連して、武田は興味深い指摘をしている。すなわち産神を迎えての出産という理解には二通りある。一つは神聖な神を迎えての神婚があり、そこで神の子を生むという理解と、もう一つは、穢れた血を流した出産を祓い清めるために産神が招かれたという理解である。平安貴族の家における出産には、産室に祈禱する僧や験者がかならず立ち会っている。これは出産に際して物の怪を調伏するためのものであるが、この場合にも、出産に伴う穢れという意味は伴ってはいない。したがって、古代の出産には、「穢れた血」という認識は存在しなかったのではないかというのである（武田、前掲書、一二四頁）。

折口信夫の神婚論では、当然ながら神霊に交わる女性に血穢は認められていない。月経・出産に伴う出血について、折口は次のように述べている。「槻の木は、月経その他の場合にこもる、つきごもり（晦日の語原）の屋の辺に立つてゐたのだ。斎槻も其だ。「長谷のゆつきの下に」つまを隠すといふのも、槻屋に籠らしたのだ。物忌みの為の、別屋である。月経を以て、神の召されるしるしと見なして、月一度、槻の斎屋に籠らしたのだ」と記し、月経の血は神霊と性交するための神の印ととらえた。むしろ月経の間は、ひたすら神に仕えるという役割を担わされているというのが折口の理解であり、ここでは、とうてい「穢れた血」の認識などは生じていない。

さらに折口はこういう。「月のはじめは、高級巫女の「つきのもの」の見えた日を以てした。月の発つ日で、同時に此が「つきたち」である。神の来る日が元旦であり、縮つては、朔日であると考へた」（ともに折口「小栗判官論の計画」）。この考え方は、月の動きと女性の体液である血との対応を示している。けっして医学的な証明をうけた学説とは言い難いが、女の血が宇宙の根源に関わることを言いあてて妙である。月立ちが月経のはじまりで、神の印となる。その血を見て神が訪れ、巫女と性交が行われてやがて神の子が誕生する。これは聖なる時間の出来事であり、この限りにおいて産血や月経は神聖なる血なのである。

(二) 聖なる血と穢れた血

ところで宮城県下の太平洋沿岸部に面した旧荒浜町(現、亘理町)では、かつて産婦が出血した血をわらでふいたのを、漁船に向けて二、三本投げつけると、たちまちその船は沈没してしまったというフォークロアが残されていた。また同じ産血のついたわらを木に結びつけておくと、その木の枝に鳥が巣をつくっていたならば、巣の中にいる雛はたちまち巣からひきずり出されて落ちてしまうともいった(『郷土研究』一巻一一号)。いずれも産婦の出す血には、異常な力が秘められていたことを示している。

「チ」に対する漢字は「血」であるが、「霊」に対してもチと訓じている。ということは、古代人の心意のなかに、血の霊力を認めていたことの反映といえないだろうか。かくして血の呪的な力は、人々に「聖なる血」と「穢れた血」の両義性をよび起こすことになるのである。

出産において出血多量によって死に至ると、死んだ産婦は、血の池地獄に落ちるのだと血盆経は説いている。流れ灌頂の習俗は、仏教知識のなかから生じてきた。これを洗いざらしともいう。水辺の人通りの多い道の脇に四本の竹あるいは杭をうち、そこに赤色のさらしの布を張る。桶と柄杓が置かれており、通行人は柄杓に水を汲み、さらしの布にかける。何度も水をかけていくうちに、次第に赤色が薄れていく。赤色はもちろん血の色に相当しており、赤が消えれば血穢も消滅するという呪法であり、それで産婦は血の池に落ちることを回避できるものと信じた。「産で死んだら血の池地獄、あげておくれよ水施餓鬼」という和歌の文句が、流れ灌頂の目的をものがたっているのである。血の色がなくなるまでには、一千人の人に水をかけてもらわなければならないという地方もあった。産血について、ふつうは、水を注いで洗濯すれば穢れ自体はなくなるはずであるが、死に至ると、血穢に加えて死穢があって不浄が増幅する。とりわけ出産時の死は、胎内の赤子の生命にかかわり、女の死霊は赤子をよみがえらせようとして、産ぶ女《うめ》の姿となり、この世に魂魄を残すのである。

流れ灌頂は仏教側からの血穢に対する対抗手段として流布したが、これとても女人の生来の不浄を強調する結果を導きだしていることが明らかだった。神仏ともに血穢を伴う不浄を一致して説き、それがまた民俗として受容されたことは、そもそも血そのものに対する畏怖感がベースにあったからであるが、その畏怖感が、マイナス要素として働くところに一つの問題があったと思われる。たとえば、産婦は出産後二〇日間は、家の井戸にふれてはいけない。またかまどにさわってはいけない。囲炉裏のような火所に近づいてはいけない。さらに昼間太陽の下を歩いてはいけない、止むなく外出する際には、かならず笠をかぶらなくてはいけない。自分の下着を干すときは、わざわざ葉っぱを一枚貼りつけるという。これは太陽に直射させないという意味があるそうだ。月経中の女性が梅干しに触れると、それが黒色に変わるという口碑もあった（武田、前掲書、二六頁）。いずれもこれらの禁忌は、産婦自体が血穢にかかっているために生じたものであり、「穢れた血」のために、非日常化の状態に入っており、産小屋のコモリ空間のなかに位置づけられていることを示唆している。それは日常化されず、血穢に規制された状況となっている。「聖なる血」の性格がここでは発揮できない状態なのである。

㈢　女人禁制の否定

神仏習合の結果成立した修験道が、山岳修行の聖地に女人禁制のタブーを課したことは日本宗教史の上で重要な事実として知られているが、山岳登拝をする女性に対して、山頂に近い地点に設けた結界までは、一応女人登拝を認めていたとする説がある。たとえば結界石に相当する姥石の名称は、山神に仕える巫女の祭場である石壇であったものが、結界を越えた女人に対する天譴《てんけん》として、石化させられてしまった女性という伝説にかえられたとされるが、一方この地点まで登拝していれば、山頂に達したのと同じ地位となると解説されるに及んで、女人禁制というよりは、女人愛護の観念ではないかと指摘することも可能となる。しかし修験道の聖地である山岳には、容易に女人登拝がなされていなかったことは事実であり、いずれ登拝するにしても、そのために必要な潔斎が種々課せられていた。逆にそのようなルールを犯しても登拝しようとする女性の方には修行者の性格があり、山姥伝説には山の巫女のイメージが投影されている。

民間神楽を代表する山伏神楽は、主として東北地方に広まっており、早池峯神楽、岳神楽、大館神楽、黒森神楽など土地ごとに異称をもっている。これら神楽には、日本の中世から近世にかけて、山人である山伏たちが次第に平地で活躍しはじめ、いわゆる修験として地域に定着し、里人たちの前で演技する具体的な姿が再現されている。山伏神楽の宗教的要素は、主として熊野系と羽黒系とに分類できるが、とくに注目されるのは、修験者中心であるために、陰陽道の知識がふんだんに盛りこまれていながら、そこに登場する女性を不浄視していないことが裏づけられている。

畿内を中心とする地域には神仏の勢力が強く働いており、そこが中心となって、女人禁制を民俗として各地に伝播させた。しかし東北地方に展開している宗教風土には、中央の諸宗教に包摂しきれない部分が見られる。その一つの事例として、山伏神楽のなかの女人の位置づけが興味深い。一般にそれは女舞とよばれ、女の面を被った舞い手によって舞われる。たとえば「機織」「五穀女舞」「天女」「橋引」「桜子」などがある。早池峯神社岳神楽本の初章をみると、番外として演じられる「道成寺狂言」は、西念と畜牛とよばれる二人が掛合万歳をしながら、道成寺の鐘について問答するという筋である。掛合をしながら次第に高揚していくプロセスには、古くからの山伏問答の形式があり、山伏神楽に影響を与えていたことを示唆している。

「道成寺狂言」の西念と畜牛は道成寺に仕える承仕の身分であり、のちに各地を漂泊する聖だった。この二人が女人禁制について話し合っているところへ、白拍子を名のる美女が出現して、さっさと女人禁制をうち破ってしまい登拝する。おそらく、その演技を見物していた女性たちは大いに喝采したにちがいない。

これは山伏問答の形式を踏みながら、狂言として演じられているわけで、その内容には批判・諷刺がこめられている。いわゆる女狂言では、登場人物の女性は気が強く、男の方は気の弱い性格を対照させる組み合わせであり、女性優位に貫かれている。それが、山伏神楽の中にモチーフとして生かされており、女人禁制を否定しているのである。江刺神楽の「五体龍」の主役は、一女四男の子持の女王であり、彼女の子供たちが活躍するストーリーであって、そこには女性の力が大いにうたわれている。女人禁制が「聖なる血」を媒介として次第に否定されていく契機は、こうした地域社会の民俗信仰のなかから発見されるものと思われる。

Ⅳ シラとケガレ

一　六月朔日の雪と白山

㈠　富士塚と白雪

慶長八年六月朔日《ついたち》に、江戸の本郷で雪が降ったという記録がある。『江戸名所記』によると、

富士神社仍《なお》また神田山のきん（近）所、本郷といふ在所に昔より小塚の上にほこら一つ有て、富士浅間立せ給ふといへども、在所のもの信敬せざれば、他人是を知らず。然るに近隣、こまごめといふ里に人有て、せんげん駒こめ（込）へ飛来り給ふといふて、つかをつき、其の上に草の庵を結び、御幣を立置ければ、もうでの袖群集せり。本郷の里人是を見て、我が氏神を隣へとられうらやむ許《ばかり》なり、今見れば、このやしろは百年ばかりそのかみは本郷にあり。かの所にちいさき山あり山の上に大なる木あり。その木のもとに六月朔日に大雪ふりつもる。諸人此木の本に立よればかならずたたりあり、この故に人おそれて木の本に小社をつくり、時ならぬ大雪ふりける故をもって

富士権現をくわんじやう（勧請）申けり。それより年ごとの六月朔日には富士まいりとて、貴賤上下参詣いたせしを寛永の初つかた、このところを加州小松の中納言拝領ありて下屋敷となる。今も猶そのやしろの跡残りて、毎年六月一日に神事あり（下略）。

これによると、六月朔日に雪が降ったという故事は、富士の浅間信仰と深いかかわりがあることがわかる。六月朔日というのは、時期的には炎暑の候である。現在の真夏に近いころで、かなり暑い季節である。したがって、真夏の最中に雪が降ったという事実は、奇蹟の伝承と考えられる。これが富士の浅間信仰と関係があるという点が注目される。しかもこの雪が降ったところが、そのまま富士信仰の富士塚となり、それがやがて現在の駒込富士に移転したというかたちで祀られる神社となるが、江戸時代には、この塚に富士講の信者たちが大勢あつまっていたことが多くの史料から推察される。この事例のほかにも、同様に、関東地方一帯に、六月朔日に雪が降ったという伝説が語られていて、本郷の雪だけが特殊なのではなかった。たとえば、『新編武蔵風土記稿』巻之百九十一にのせられた「岩殿観音」の縁起をみると、この地にもやはり六月朔日に雪が降ったことが次のようにしるされている。

坂上田村麻呂が東征した時、この観音堂の前で通夜をし、そこで悪竜を射斃したことがあった。ちょうど六月のはじめで、金をもとかす炎暑のさなかであった。ところが、突然、指をおとすほどの寒気が起こり、雪がさんさんと降ってきたので、人夫たちはかがり火をたいて雪の寒さをしのいだ。現在、六月朔日に家毎にたき火をたくというのはそのときの名残りであるとつたえている。

さらに埼玉県行田市でやはり六月朔日に雪が降ったとつたえられている。『新編武蔵風土記稿』巻之二百十六によると、

昔、富士の行者が、自分の命の終わるときに臨んで、この地に雪を降らすべしといった。そうしていよいよ六月朔日に命が終わるとき、はたして、雪が降ってきた。領主の、成田下総守氏長《うじなが》が奇異の思いをして、このところに塚をきずいた。この家臣の一人である新井《あらい》新左衛門がこの土地にその後浅間神社を移して、行者の塚の上に祀ったといわれている。

行田の浅間神社というのは、富士の行者が入定したというもので、その塚の上に雪が降り積ったといわれている。この地に浅間神社を勧請した新井新左衛門の子孫の家が、先祖代々、祭りのときに注連竹を立てていた。これは富士の行者が入定したときの事蹟を行っているといわれている。

このように、六月朔日に雪が降って、それが塚のようなものになったということ、とり

わけ白い雪が降って塚になったという伝承に注目したい。この「六月朔日」は、民俗学的にも注目されるべき日として知られている。たとえば、『平日閑話』には、「六月朔日、世俗では今日を以て元日とし、雑煮を祝うことのあり。もと宮中より出でしことならん」というふうにしるされており、六月朔日が一年のうちに二度目の正月であると認識されていることがわかる。

また「六月朔日」の民俗伝承として知られているものに「氷の朔日」がある。六月朔日になると、正月に搗いた氷餅を食べるという伝承は比較的多くつたえられている。この正月に食べた餅をふたたび六月朔日に食べるという伝承は、また歯固めの朔日ともいい、それを食べると歯が強くなるといわれている。ところが、中部、関東地方において、さきの雪が降ったという伝承と同じ地域には、この日をムケノツイタチあるいはキヌヌギノツイタチと称する口碑が多く語られている。たとえば新潟県十日市では、この日は、人間の皮が一皮むける日であると説明している。また、関東地方では、この話は養蚕地帯に多いのだが、桑の木の下にいくと、人間の皮がむけているのを見るともいう。ムケノツイタチというのは身体の皮がむける日であるといういいかたである。蚕が脱皮新生するということと、人間の皮が一皮むける日といういいかたを重ねあわせた表現なのである。

このように、六月朔日には、新たなる正月が迎えられ、また人間が一皮むけて生まれかわるという伝承が集約されているといってよい。栃木県芳賀郡茂木町牧野では、このむけの朔日を御精進《おしようじん》といっている。家の母屋の一室に竹を立ててしめなわをはりめぐらし、五歳以上の男の子たちが神主から袈裟紙《けさがみ》を受けとり、六日間、このなかに入って身をきよめたという。川へ入って身体を洗い、それから部屋に入って御祈禱をした。他人はいっさいこのなかに入ることを禁じられた。つまり、七日間、精進・潔斎をかさね、潔斎が終了したあかつきが六月朔日にあたるというふうに考えている。その期間に忌み籠りをして、それが終わったあとに生まれかわって出てくるという考えかたである。

栃木県佐野市にも同様の伝承がある。これをオベッカといっている。男たちが共同飲食をして部屋に籠り、そして各コーチごとに大きなわらじとか馬わらじをつくって、村の辻に飾ったりした。オベッカとは、つまり別火のことであり、さきほどの精進・潔斎をして物忌みをすることと同じ意味である。大きなわらじをつくって村の辻に立てるということは、災害を外に追いはらうという意味であるから、これもこの期間、身のケガレをはらって新生脱皮する行事であることが明らかである。これらは、いずれも関東地方や中部地方に多く語られる六月朔日の儀礼であり、「氷の朔日」あるいは「歯固め」と称している意味とほぼかわりないが、ただ注目されることは、この日が脱皮新生のために用意された日であり、そのときに白い雪が降り積るという特殊な地域が設定されていたということである。

　さて、関東、中部地方では六月朔日に白雪が積り塚となる地点を富士浅間神社と称したが、そもそも富士山の信仰は、秀麗な山岳であるということと万年雪があるということ、つまり永遠に白雪が不滅であるということに根をおいて成り立っていると考えられる。この富士山と並び称されるのが、加賀の白山であり、同じように万年雪をいただく山として知られている。しばしば、富士山の雪と加賀白山の雪はともに消えることがないといいつたえられており、『万葉集』などにも、富士の雪をうたうと同時に白山の雪を対照してうたう場合もあって、富士山と白山は白雪の山として知られていた。とくに関東地方は加賀の白山の信仰圏ではない。したがって、加賀の白山の雪を云々する機会はほとんどなかった。しかし、加賀の白山は中世の白山修験によって信仰が広められたふしがあり、これは北陸から京都、近畿地方により多く信仰圏が設定されうるものであった。事実、加賀の白山の雪が真夏に降ってきたといいつたえる話は、中世の文献にしばしば見られるのである。『古事談』巻五に、「日吉ノ客人ノ宮ハ白山権現ナリ云々。慶命座ノ時、指ニ証拠無キ者、詮無ク小社也。又夕御坐ス可キ者、不思議ヲ示サル可ク云々。件リノ夜、座主ノ夢ニ入リテ、託宣ノ旨有リテ後、朝小社白雪一尺許リ積リタリケリ。六月ト云々」と記されている。

　また『神道秘密記』によると、この客人の宮が勧請されたのは、天安二年（八五八）六月一八日で、その時霊石の高さだけ白雪が降り積ったと記している。

これをみると、座主の夢のなかに白山の託宣があり、朝おきてみると、白い雪がさんさんと降っていた、ちょうど六月のころのことであるとしるしてあるのである。客人の宮は、天安二年六月一八日に遷宮されたというのであり、そのときは、真夏の最中であるにもかかわらず、雪が降っていたのである。また、『源平盛衰記』巻之四によると、

八月十三日に神輿を出し奉り、越前荒智の中山立越《こえ》て海津の浦に着給ふ。比叡山の神主が夢に見たりける不思議やと思ひ立出て四方を見渡せば、此山より黒雲一聚引渡り雷電ひびきて氷の雨降り、能美の峰つつき塩津海津伊吹山比良の裾野和爾片田比叡の山唐崎志賀三井寺に至るまで、白妙に雪ぞ降たりけり

安元二年（一一七六）八月一三日に御輿が出た。そのとき、黒雲が白山よりまきおこり、雷鳴がとどろきわたり、雪が京都一円に降った、とある。『平家物語』巻一にも同様の記事がある。白山の御輿が出るときに、白雪が降り積った。しかも晩夏から初秋にかけてのことである、ということになる。

こういう例をみると、加賀の白山の白雪もまた、その信仰が外にむかって延びるときに白雪を降らせていたという事実が知らされる。したがって、富士の白雪も、白山の白雪も、同じように、夏に降るという一つの奇蹟が説かれ、その奇蹟がおこるときは新たな信仰の

生ずる時であった。それは信仰を受け入れる土地で、新たな浄まりを期待する思考が強く働いた時期だと考えられる。中世の白山修験は全国に出かけていったというかたちにはあまりなっていない。むしろ、富士の浅間信仰の方が中世から近世にかけて関東や中部にはひろく広がっていたのであるが、雪そのものについては、富士山であろうと白山であろうと、それが何故夏に降ったのかということの意味の重要性について、在地の民俗的信仰の存在を別に考えなければならない。

(二) シラヤマの白

かつて、柳田国男は「所謂特殊部落ノ種類」という論文で次のように述べている。

> 関東地方ハ穢多部落ノ氏神ハ例ノ浅草新谷町ヲ始トシテ多クハ白山神社ヲ祀レリ。此点ハ頗ル興味アル真実ニシテ他ノ特殊部落ニモ此神ヲ崇祀スル例少ナカラズ

ここにあるように、関東地方の「穢多部落」においては、その氏神がなぜ白山神社なのかという疑問を柳田は呈示しているのである。「白山」と書いて「はくさん」と読むか、「しらやま」と読むかといういいかたであるが、ニコライ・ネフスキーによる「しらやま」はバンタ、「はくさん」は百姓といった区別もあった。明らかに白山《はくさん》社と白山《しらやま》社はおのずとわけられねばならないとされていた。白山《はくさん》という場合には、中世以来の加賀白山信仰の

強さを考え、白山《しらやま》信仰という場合には、加賀の白山のみでは説明しえない要素をもっているといえる。近世の江戸において、新町穢多村として知られた今戸橋の新鳥越付近に白山権現があったことは『浅草志《せんそうし》』に記されている。すなわち「白山権現新町のうち、この地鎮守とす。祭神陰神《さいじんいんしん》大神宮は陽神四座あり。疱瘡《ほうそう》神と呼ぶ」。

さらに「江戸砂子」の記述を割註としてかかげ、「この神このところの鎮座は、穢多村に下されたる以前より、ここにありし。久しき宮居《ぐうい》なるべしといえる」とわざわざ断っている。

この社は現在は見当らないけれど、白山権現の神格が陰神であり、さらに疱瘡神とよばれていたという点に注意がひかれる。各地の白山神社というものはいろいろヴァリエーションにとんでいるが、総じていえることは、子供の神さまであり、祟る神であるということである。そして、祭りのときに白い旗をたくさん立てる特色もある。また流行《はやり》神としては、歯の痛みにたいへん効くし、天然痘の流行時には疱瘡神としても信心されていたのである。そのなかで、白山神社の祭りのときに、白旗、のぼりをたくさん立てるという伝承は、白旗塚の伝説ともかかわりあいがあるようである。白旗塚というのは、源氏の白旗伝説といっしょに説明されるけれど、まず白い旗、あるいは御幣でうめられたような塚を意味するらしい。江戸の小石川にあった白山神社は現在も有名だが、その前のかたちはともかく、神社の境内には白旗塚があることが知られている。この小石川の白山神社はのちに白山御殿という名で知られるようになっていたが、おそらくその前身はいわゆる白山権現であったことは明らかである。そこの白旗塚というものが、この白山信仰の基本にあったのではないだろうか。つまり、白い旗で覆ったような白い塚があったということである。

柴田道子著『被差別部落の伝承と生活』の中で、白山信仰のことにふれているが、そのなかで、よそ者に対してこの神が激しく祟るが、信者の子供たちをたいへん好むという白山権現の性格を明らかにしている。子供が小便をひっかけても怒らないが、大人が穢れをつける行為をするとひどく祟るという。また、この神は悪い病気を追いはらってくれる。とくに天然痘のような業病をもはらう力がある。祟りが強いということは、穢れ、災厄をはらうという意味の裏がえしであるから、他の神格に比してその点が特徴的であり、注目される。

愛知県南設楽《したら》郡東郷村東原というところに白山権現があった。報告によると、ここは五軒しかない村であった。この村にある白山権現は、赤土のはげ山の上の三尺四方ばかりの木の祠に祀ってあった。以前はだいぶ繁昌したといわれ、境内に立派な石の灯籠などが立っていた。祠の扉をあけると、なかに美しい童子の像があった。これは後醍醐天皇の第三皇子開成天皇という方だといわれているが、近所では疱瘡神といっていた。開帳のときには、その扉の奥に、美しい童子の像を見るだけで、身体中がきよまるような思いがすると人々は語っていた。また一説に、神像は皇子ではなく、姫であるともいわれた。この姫は尊い生まれであって、あるとき御殿に白い雀を飼っていたが、餌を与えようとして籠の戸をひらくと雀は庭に飛び立ってしまった。それを捕えようとして追いかけるうちに、尊い身体であった姫が、穢れた大地を踏んで、悪い病気にかかってしまった。そのためもう御殿に住まいをすることができなくなり、さすらいの旅に出て、東原へやってきて住みついた。いっしょに側仕えの二二人の女房も連れてきて、そこの館に暮らしていたが、御殿での生活とはちがって、その日の食べ物にも不自由をするほどであった。そこで、側仕えの女房たちに命じて、近在へお布施米の托鉢に出かけさせた。お布施はたくさん集まり、食べきれないほどになってしまったので、残ったお米を屋敷の端の杉の木の根もとに捨てた。これがだんだんうずたかく積るにつれて、下の方から真っ白い水が湧いてきた。その水はたいへんかおりの高い酒であったという。

こういう伝説が東原の白山権現につたえられている。注目されることは、白山様と称されるものが、尊い血筋の子孫であるという考え方、それが悪病にかかったために御所から追放されて、一定の土地に住みついた、そこから糠《ぬか》塚伝説も生まれているけれど、要するに、白い色の水や酒が出てくるというような説明をしている点である。

いわゆる被差別部落における白山神社の縁起というものをくわしく調べていく必要があるが、従来はあまりその研究がなく、わずかに菊池山哉の研究があるのみであった。このなかに、いまの東原村の縁起のような伝承は直接記されていないけれど、ただ、童子の姿をしているとか、男女二体であるということが語られていることは明らかである。女神である場合が多いのも一つの特徴であって、加賀白山の神が菊理姫《くくり》であるということとも関係するだろう。周知のように、加賀白山の女神は、ケガレをはらう神格として知られる神で、この神が死のケガレでよごれきったイザナギノミコトを禊《みそぎ》させて新たにこの世に生まれかわらせたという話は、『古事記』『日本書紀』にしるされているとおりである。従来説いてきたように、白山とは、「白」そのものに多義的な面があり、その点は柳田国男が説明しているように、人の出産という意味、稲の生育という意味が含まれていて、このことは生命があらたまって生まれかわるということとかかわりがあると考えられる。

さきほどみた、白山権現が子供の神であるという伝承が多いのも、生まれてきた子供を育てていく、生まれかわらせていく力が白山権現にあることを想像させる。そこで、もうひとつ注意されることは、民間神楽、たとえば三河の花祭り、あるいは備前、備中、美作などの神楽、石見の大元《おおもと》神楽などにみられる白蓋《びゃっかい》または白蓋《びゃっけ》といわれるもので、この意味については五来重も注目している。簡単にいうと、この白蓋《びゃっかい》は神楽のシンボルであり、しかも生まれきよまることを説明する重要な意味が与えられている。白蓋は五色の切紙を天蓋のわくにはった華麗な一種の装置といえるものである。これを、舞う場所の天井から吊した。山伏の梵天《ぼんてん》と似ているが、要するに華麗な大型の御幣のようなものである。これを中心にして人々は踊るのである。

早川孝太郎の『花祭』の解説として折口信夫がしるした言葉できわめて印象的なものは、この白蓋の原型は白山という点であった。白山は、現在の神楽には残されていないけれど、安政二年(一八五五)の記録によってそれが再現せられたのである。要するに、白山はひとつのいれものであり、しかも真っ白に彩られたいれものなのである。その白い装置のなかに人間が入り、出てくる。出産の時に部屋を真っ白にする、吉原の遊女が八月朔日に全員が真っ白な白むくを着たということは知られた行事であったが、遊女そのものはともかく、遊女がかつては巫女であったことを知るならば、神事にたずさわる女が白い着物を着て、白い室に入ったということは、物忌み、あるいは精進・潔斎をすることであり、その白い部屋から出てきたということは、巫女として認められたことを意味した。つまりは、生まれかわって出てきたことを意味したのである。また天皇家の大嘗祭における真床追衾《まどこおぶすま》そのものが、やはり新たに天皇霊を身につけた天皇が、それにくるまって再び出てくるという表現にも通じていたのである。神楽はこうした白蓋を軸として、村の中の祭りの中心において、人々が舞うことによって新たに生まれかわることを意図させたものであったのではないか。

安政二年以前に、愛知県北設楽《したら》の奥三河で行われていた白山の儀礼はもっとストレートに表われていた。花祭りの最終段階に、浄土入りといういいかたで、六〇歳になった男女を白山のなかに入れて、その建物、つまり白山を破壊し、そのなかから新しい子供となった人々を誕生させるという行事であった。こうした白山のもつ意味は、生まれきよまるという意味を強くあらわすこととして注目されるものだが、想像をたくましうすれば、このような白山と称する白い布で覆われた一種の装置を祭りのときに用いることによって、人々は脱皮新生するという意識をたえずもちつづけたのではないだろうか。このことと、被差別部落に白山権現がおかれているということの関連性が大きな問題になるのである。

(三) 「長吏」の由来

ここで、被差別部落にのみつたえられている文書として、菊池山哉や柴田道子が紹介した『長吏由来之記』をとりあげてみたい。『長吏由来之記』は、なぜ長吏とよばれるかということを説明した文書である。長文であるので、要点をのみしるしておこう。

冒頭に、天竺の長吏の由来として、四人の王に四人の子があり、第三番目の王子が白山権現の変化《へんげ》である。このものは、自分の身体に黒い星（あるいは墨）をつけて出てきた、としるされてある。また、日本の長吏の由来として「涅槃経ニ曰ク、日本長吏之由来者《ハ》延喜御門ニ初ル者也、延喜王之第一王子者《ハ》堅牢地神ノ化身ニシテ、而一切衆生ヲ助ケン為ニ、身ニ漆ヲ塗リ給フ、悪病ニ成リ……」とある。延喜天皇の子で、白山大権現の変化であった第一の王子が、一切衆生を救うために身に漆を塗った、ために漆負けで悪い病気になった、そこで内裏を下って清水の麓に御所を立ててそこに住んだ、としるされてある。

さらに注目されることは、長吏の由来として、「長」と「吏」の二つの語に分けてしるしていることである。その概略を述べてみると、まず、「長」の字を読みわけると、「天地和合二つの時は長の字はすなわち天なり、また日月二つの時は長の字はすなわち月なり、金胎両部の時は長の字は胎蔵界なり、仏神二つの時は長の字は仏なり、父母二神の時は長の字は母なり、昼夜二つの時は長の字は夜なり、迷悟二つの時は長の字は迷なり、過去現在二つの時は長の字は過去なり、善悪二つの時は長の字は悪なり、黒白二つの時は黒なり、智者愚者二つの時は愚者なり、出家と俗と二つの時は長の字は俗なり、水波二つの時は水なり、竹木二本の時は竹なり、草木国土二つの時は国土なり、愁と祝儀二つの時は愁なり……（中略）……都鄙二つの時は鄙なり、男女二つの時は女なり、親子和合二つの時は長の字は親なり、上下二つの時は長の字は下なり」等々。ここで人間界の森羅万象について、

「長」と「吏」の二つの類型にわけて説明している。ここでは明らかに、世界を二元対立的に構成させる思考がある。「長」は、その基本に白と黒の対立があって、「長」は黒を意味し、「吏」は白を意味することになる。これが「長」の説明であるが、これに対して、「吏」はこの「長」に対立するものを意味する。したがって、「吏」は、地であり、日であり、金剛界、神、父、昼、悟、善、白、出家、智者、草木、祝儀、都、男等々にあてはまる。そして、「これにより大明公家俗土人男女老若以下魂畜類に至るまで万事長吏の二字に漏れたることとさらになし。しかるをもつて天竺大唐吾朝《だいとうごちよう》にも古今の長吏なり。天下守護不入のものは長吏なり」としるしている。

象徴論的にいうと「長吏」は世界を統合する力をもつものとしてしるされていることがわかる。男女であればその両方にかかわる存在であり、白と黒ならばその両者にまたがる位置にある。すなわち常民において果たされない能力が長吏にあることを暗示している。このように世界の構成を二元に分け、長吏が、その両者にあいわたりうる力をもつ、つまり両義的な存在として描かれていることは象徴的意味として注目されるところである。

つぎに、また、「仁王経ニ曰ク、一本ハ熊野大権現ノ竹也、又一本ハ天照皇太神ノ竹也、次ノ一本ハ諏訪大明神ノ竹也、亦一本ハ富士浅間大菩薩ノ竹也、次ノ一本ハ八幡大菩薩ノ竹也、又一本ハ白山大権現ノ竹也、是ノ六本ノ竹日本ヘ広マル者也」とあって、これは長吏が六本の竹をつかうという説明である。ここにあげられている熊野権現の竹というのは、神々を祀る御幣につかう竹であり、諏訪大明神の竹は魚を釣るときの竹、八幡大菩薩の竹は公家が旗棹にもちいる竹、富士浅間の竹は七五三ばらいの串竹、そして白山権現の竹は野辺の幕布、門前竹、四本の幡棹、天蓋の竹であるとされている。

野辺幕布、門前竹、四本の幡棹、天蓋の竹とはどういうものかといえば、この四本の竹をつかって、龍天白山という天蓋をつくるのである。龍天白山は白山大権現と称するが、この天蓋は明らかに死者をいれるものである。野辺送りのときに、長吏が死体をこの天蓋にいれて墓までもっていき、それを埋める。いわゆる常民の方は死穢をおそれ、直接死体の遺棄にたずさわることができない。しかし長吏は、死の儀礼に直接にたずさわることができる。死の儀礼にたずさわることのできる力をもった存在が、いわゆる被差別民と称される人々であったことは、従来の指摘のとおりである。

ここで考えられることは、元来、被差別民と常民との儀礼上の隔絶についての一つの説明として、神事にたずさわれるものが被差別民であり、常民は神事の秘儀にはかかわりができない、聖なるもののみが許されて神事にたずさわれるという点が指摘され得るのである。デュルケム流に解釈すれば、聖なるものと俗なるものの差というのは、聖とは神聖であるが故にこれを隔離するという考え方である。穢れの故ではなく、あくまで聖なる故に隔離されるという意味が指摘されていることは周知のことといってよい。

かつて中世における不浄の観念において、被差別民を「きよめ」と称したのは、そうした穢れをはらい聖なるものに近づけうるという意味から出た表現であった。死の穢れの観念がどの段階で成立したかは、はっきりしていないが、死体の処理を聖なる儀礼とみるならば、それにたずさわる能力をもつものは、きわめて重要な存在なのであった。この白山のかたちをした死体をいれる道具、装置は、考えようによっては、民間神楽における白蓋ときわめて類似したかたちをもっている。つまり、白蓋は安政二年段階の白山そのものであるとすれば、それは生まれきよまるため、生まれかわるための装置であった。その装置をつかって、死者をそこから蘇らせる能力をもつものが、『長吏由来之記』からいえば、長吏の存在意義ということになる。その力がなぜ出てくるかといえば、『長吏由来之記』によると、白と黒の世界の両域にたずさわる力をもったもの、つまり両義的存在であるが故にであった。そしてこの能力は常民には付与されていないことも明らかなのである。

ひるがえって、被差別部落になぜ白山権現が多いのかという柳田国男の指摘にそって考えるならば、そもそも、白い塚、白い建物、白い山、いずれにせよ、そうしたものに総括される、死から生への転生を可能にする装置が想定されており、この装置を駆使できる存在があったということになるだろう。この装置は、おそらくは、常民、非常民を問わず、村の祭りにおいて、形態はさまざまであるがつねに設けられるものであって、村人はそこに籠ることにより、生まれかわる、生まれきよまる意識を毎年もちえたのであろう。さきほどあげたように、現在の民間伝承に、六月朔日前後に精進・潔斎をし、そして生まれかわることをお精進とかオベッカと称しているが、六月朔日という、暦の上では年の半分に分かれた時期に運をあらためるという意味を含めて、生マレキヨマル、生まれかわるという観念は一般的な思考であったにちがいない。しかし、実際に死というものがあり、それにともなう儀礼がある場合に、白山というものを設けてそのなかからふたたび蘇らせるという特別な能力をもった存在があり、これが被差別民のなかにおかれて、後世白山神社、白山権現と称される社殿となり、やがて祭りの体系に定着していったのではないかと考えられるのである。

二　白と黒

(一) 河原巻物と「長吏」

盛田嘉徳や荒井貢次郎そして近年の脇田修の研究により、次第に明らかにされだした、いわゆる「河原巻物」の内容は、まことに興味深いものがある。荒唐無稽といわれ、文献史学の方ではあまり評価されてはこなかったが、民俗学的には、いくつか考えるべき問題がそこに秘められている。その一つはいわゆる「長吏」の由来について説明する部分で、前節で指摘したように「長」と「吏」という二項対立を構想することによって、長吏の認識を明確にしようとしたことである。

すなわち、「長」に属するものは、天、月、胎蔵界、仏、母、夜、迷、過去など、これに対して「吏」に属するものは、地、日、金剛界、神、父、昼、悟、現在などで、それぞれが対称する要素として把握されている。この文脈で、「長」は黒となり、「吏」は白となっている。つまり、天地、日月、昼夜、善悪などと並び、白と黒は、「長吏」の構成要素として位置づけられている。

この「白と黒」に関わる記述に注目してみると、前記荒井の発見した「三国長吏之由来」（甲斐国都留郡谷村、伝助家文書）の一節に、天竺の長吏がビルナ王の第三子であるマカダラ王子であり、これが「白山権現道化ニテ、一切衆生之タメニ、黒白ト化シテ生出シ」と記している点がある。他の文書にも同様の箇所について、「黒白、生ヲ出シ、於天竺之長吏ニ返化シ」（信濃国埴科郡戸倉村下戸倉、高橋家文書）と記されており、やはり同工異曲なのである。つまり、白山権現が天竺長吏の日本化した存在であり、「黒白」の象徴性をになって、この世に出現したことが示唆されている。

この部分をさらに考えてみると、「天竺の長吏」が、日本で白山大権現に変化したが、その機能の一つに、「白山大権現ノ竹」があるという。白山の竹は、どのように使われるのかというと、これは人が死んだ時の「野幕竹、モガリノ竹」である。それは遺体を安置するために構築される容器である。これを「モガリノ竹」と称したのは、モガリの際に使った竹を意味している。野辺送りをして葬場に死体が運ばれる。火葬にする前にそれを特別の容器におさめるのであるが、その容器は、四本の幡と棹、天蓋から成っており、いずれも竹で作製される。そしてその形状が「龍天白山ノ形也」という。地面に敷布が敷かれるが、これは「地天白山ノ形」であり、これを日本では「白山大権現」と称するのだと説明している。

つまり白山というのは、死体をその中に入れておき、白い布と竹によって組み立てられた白い容器をさし、モガリの対象となっている。これがシラヤマであり、「長吏職野辺幕布取ル謂レ之事」（「三国長吏家系図」盛田嘉徳『河原巻物』所収）には、「長吏職」が、龍天白山と称される特別の装置を扱う権限が与えられていることを力説するのである。そして象徴的な意味では、このシラに相当する「白」が、「黒」を併せもつことが示唆されている。シラを根底としながらも、つねに「黒」を内包することは、「長吏」が「白と黒」に対して統合的意味づけをなし得る能力をもっていることになるのである。

(二) 喪服のフォークロア

「長吏」と称される被差別民が、死者を別世界へ送り出す野辺送りにおいて「白と黒」をコントロールする力をもつことを、「河原巻物」が明示していることを指摘したが、現代のわれわれの日常意識の中で、葬儀にまつわる色を一つあげるとすれば、それが「黒」であることは間違いない。しかし喪服についてのフォークロアは、以前は圧倒的に「白」であった。そして明治以後急速に白から黒へと変化した。とくに注意されるのは、死者の近親者が喪に服している状態である。近親者は死者と同じ空間に閉じこもって、直射日光にあたることを忌避する。髪は洗わず、鬚は伸び放題、剃刀を使ってはいけないし、帯には、棺をゆわえてあった白木綿を用いた。外出する際は、白木綿で頭を包む。そのほかにも被衣《かつぎ》とか古袖などを頭から被るのを常としたという。これは白い鉢巻にも通ずるものである。小さい三角形の白紙で額隠しをつけるのも、やはり、喪に服して非日常的状態に位置していることの標示になる。

新潟県の民俗学者、故高岡功が、興味深い記事を書いていた。新潟県下の野辺送りの服装について、「女は紫色の絹地に白地の中に松を配した被衣を昔はかぶった。その後サラシの帽子（サラシを二つに折り、片方半分縫った三角形状のもの）、さらにサラシを四つに折って襟にまくだけになった。男は死人の子は白いカミシモ姿、親類は羽織、袴で、いずれもヒタイガミをつける。（中略）会葬者が白い着物（色もの）を着るのは、死人には白い着物を着た人しか見えないからだといわれている。色ものは葬式が終ってから寺へ上げたが、今はお金をその代りに包む」（『高志路』二一四号）と記している。かつて葬儀の着物は白色に統一されていたが、それは死者の眼からみると、よく見えるからだと説明されている。

「長吏」の職能というべき葬儀の装置を白で統一させていることは、潜在意識の次元においても十分考えられるのである。

(三)「白と黒」の不浄分化

愛知県北設楽郡山間部に今も行われている花祭りの一環として知られる「白山」は、これまでも、多くの研究者が注目してきた。これは正確には、花祭りとは別に、七年に一度、二夜三日にかけて行ったもので、その中心が「生まれきよまり」と「浄土入り」の二つの行事である。このうち後者が「白山」になる。その特徴は、「白山」と称する白い構築物が作られ、その中へ、六一歳を迎えた老人たちが入り、その建物が破壊されることによってふたたび新たな生命が得られるという擬死再生の観念が認められるということであった。

後藤淑が、昭和一〇年の聞書きで、当時八〇歳の話者の祖母の「白山」の体験談を報告していて、興味深い。「白山という場所があって、二間四方位の建物の中へ、丁度花祭のときの様に飾り立て、周囲の天井は紙を飾って真白かった。そこへむやうの橋（無明ノ橋か）と云う橋を渡し、その上を渡って白山へ這入った。白装束をつけて、六角の金剛杖を持ちスゲの笠をかぶって（中略）その橋の上を渡った。経文が一杯敷いてあった（下略）」。そしてさらに「白山の中へ這入ると、枕飯を喰える様になって居て膳についた。それを半分ばかり食べた時、外から鬼が飛んで来て、花を舞ったまさかりでつついたりして、中に居られず、皆逃げて出て来た。それは中の日であった」（「三河の大神楽」『民俗と歴史』第七号）という状況であった。真白い「白山」の中に入るときは、白装束であり、橋を渡って他界へ入る心意、枕飯を全部食べてしまう以前に、ふたたび現世に戻ってくる有様が、この一九世紀初頭の「白山」の体験談からうかがうことができる。

この白山行事と、立山の布橋大灌頂の関連を白山修験道の影響から説明した五来重の説は、きわめて注目すべきものである。とくに五来は、三河の白山が、円錐形の建物に白木綿を巻いたものであることから、円錐形モガリを表わしたものであり、これは今でも墓上構造物としてのミニチュアが墓の上にのせられている事実と関連する点を見抜いているのである。「白山はいずれにしても、死霊封鎖のモガリであり、その中に入ることは『死者』となることを意味したであろう」（「布橋大灌頂と白山行事」高瀬重雄編『白山・立山と北陸修験道』所収）と指摘している。

この「白山」の文脈が、前出の「長吏由来書」の一つの主題となっていることはいったい何を意味しているのだろうか。ここで注目されることは、多義性をもつ「白」の存在である。すでに柳田国男は、稲の蔵置場と人間の産屋を、ともにシダ、シラとよぶ沖縄の事例に注意していた。「自分などは是をＤＲ二つの子音の通融、と言ふよりもむしろ行が曾てはもつとラ行に近かつた時代の名残では無いかと思つて居る」（「稲の産屋」）といい、「生むもの又は育つものを、シダ即ちシラと謂つて通じたのかと思ふ」と主張し、日本語の方にそうした要素が弱まり、沖縄語にそれがまだ残っているとした。たしかに神聖な稲積みをシラとする分布は、沖縄の八重山諸島に限定されてはいるが、産屋あるいは妊娠に伴うシラ不浄の語は一般に知られている。この場合産穢を白不浄とするのに対し、喪にあたるのを黒不浄といい、白と黒とを対比させるようになっているが、元来シラの状況に伴う障りや忌みが基本になっていて、「白と黒」の不浄観へ分化したと予想することはできないだろうか。

ところで北陸の名山、加賀白山は、つねに雪をいただく、文字通りの「白山」であったが、この山岳は、擬死再生の呪法をもつ白山修験道の根拠地であった。そのことは、シラがたんなる白色以上の神秘的要素を内包していたことを示すことになるのだろうか。

加賀白山をいただく金沢の南方に黒壁山と称する聖域がある。今もなお深山幽谷であり黒色の岩壁がそそり立つことから、この名称が生まれたが、そもそもこの地が、江戸時代以来、前田家の支配する領域の周縁部を占め、「魔所」に位置づけられていた点が興味深い。「此は所謂魔所にて、祈願をこうむる者ならでは登らず、若し知らずして登る者あれば、必ず祟あることいちじるし」(『加賀志徴』)と記された黒壁山は、加賀藩領のさまざまな悪霊を押し込める調伏空間に措定されていたのである。そして呪者として白山修験がこの地に蟠踞していたということも明らかにされており、黒壁山にすんだ白山修験という白と黒の対比に興味がそそられる。

㈣　白の中の黒

人類学的な観点からいっても「黒」は、邪悪なもの、死、災厄、暗黒のイメージに連なるものであり、有名なV・ターナーの分析によるアフリカ南ローデシアのルンタ族ンデンブーでは、成年式において少年たちを打つむちは「白と黒」の帯状の模様が施され、白は再生を、黒は死を表わしたという。また成女式においても、少女は陰部に黒い樹皮で隈どりを施されるが、これは少女の性的な魅力を増進させる意図があり、性的な熱情と暗闇の結びつきが潜在的に示唆されるという（山口昌男「黒の人類学」『人類学的思考』）。

日本の民俗文化の中でも、黒のイメージを忌む対象としていることは変りない。金沢の黒壁山がそうであるが、黒塚という地名をみてもそのことは明らかである。奥州安達ヶ原の黒塚といえば、鬼女の棲み家であり、この地は、川で区切られた境界になっていたと伝える。『江戸名所図会』にのせられている黒塚は、大宮駅氷川神社から東方の森の中にあって、「往古、車光坊阿闍梨祐慶、悪鬼退治の地なり」という伝説の付された場所であった。いずれも、邪悪なものの籠る空間とされているのである。

しかし黒を忌む感覚はあるにしても、「白と黒」の対比を統一的に把握しようとする志向も看取できるのである。たとえば新嘗祭に神供として供えられる「黒酒白酒」は、薬灰によって白と黒の差をつけた神酒であるが、「白と黒」とわざわざ対称させながら、「黒酒も白くして黒くハあらねど、白酒に対して白からねば、黒酒といへる」(『傍廂』)というような認識をしている。つまり「黒」といいながら、「白」を潜在的に表現しているのである。

これは一方では、白の中に黒の存在を認知する観念といえるだろう。葬儀の喪服の色をみると、これが白→黒への変化をたどったということは、現象的には、色彩感覚の歴史的変化ととらえられる。しかし日本の「白と黒」の構図は、両者の二元的対立として、一方が他方を排除するという形ではない。黒=死→白=再生への志向を可能にする活力をもつ、「長吏」によって代表されるような民俗文化の存在から、もう一度この点を再検討すべきことが示唆されているといえるだろう。

三　シラとスジ

(一)「シラ」＝白不浄の世界

赤不浄、黒不浄の他に白不浄を名乗ったところに、つまり赤と黒の他に白という表現をつかったところに、私は一つのヒントを見出す。血穢とか不浄といわれる中で、赤不浄、黒不浄という言葉では表現されない部分がある。それが白不浄ということである。この白不浄を中心にして考察を進めていくと、マイナス要素ではないものが発見できるのではないか。つまり、女性の血穢というふうに見ていない、逆に血の持っている霊力を忖度できるのではないかということである。

白不浄とは、要するに、子供を生むということに関する忌みの観念のことを言っている。ところでシラという表現は民俗語彙であり、民俗語彙は生活意識を表現する土地の言語であるから、中央で統一した言葉ではない。その中に白不浄という語が入っている。ただ不浄は漢字であるが、シラの方は、漢字の白になったにもかかわらず、色の白だけの意味に覆い尽くせないものがある。それは出産に限定する血忌みのことだというふうに一般に言われていて、別に血不浄という言い方もある。シラ不浄のことを血不浄と言っているのは奄美群島の沖永良部島辺りである。この血不浄が白不浄とオーバーラップしているということは興味深い。

沖縄の八重山諸島で、出産をシラヤと呼ぶ地域はかなり広範囲にあった。産婦のことをシラントーとか、出産のある家のことをシラとか、出産の時にたく火をシラタヌスと言ったりした。それから、お産の忌みが明けることをシラアキと言ったりする。いずれにせよ出産をシラと言っていて、このシラが、出産に伴う血と関係しているわけである。シラ不浄の間は出血があり、女性は隔離されていて、いよいよシラアケになると、日常的世界に戻るというふうに考えていた。シラの期間が終わると、また日常的生活空間の中に入り、そうして新しい生命が誕生する。

シラという言葉には、出血多量により体力が弱まっているということの他に、神道や仏教の知識が関わると、不浄つまりケガラワシイという概念が介入してくるのかもしれない。しかし、そういうものを一切元に戻すという考えがシラにはある。沖縄の八重山群島ではかつて、死者があった場合、お葬式に行ったものは、帰ってきてもすぐ家の中に入ることはできなかった。帰宅して食事をする時には、家人たちとは別に庭で行い、食事が済むと松明をもって浜辺へ行き、水ゴリを浴びて家に戻ってきて、はじめて元の状態に復した。これをシラミと呼んでいる。このシラミが終わって、家の中に入ると同時に、家中の灯火を消してしまう。そうして家の中に入ったということがわかると、ふたたび電気をつけて明かりをともすということになる。

　このようにシラミという行為によって日常の空間が元に戻ったということが指摘できる。同じことを奄美大島ではシラミズアミと言った。これは白い水浴みと書くが、ユタになる女性が白装束に身を固めて、馬に乗り人里離れた谷川に行って水浴びをする。そのことにより普通の女から非日常的世界のユタとしての存在に転換したという。これは大分県の臼杵市の話であるが、結婚式の時に、仲人夫婦と嫁とが婿の家に嫁入り行列をしていく時に、一〇歳くらいの女の子を連れていく。それをシラムスメと呼んでいる。その娘を連れて空間を移動することにより、婿の家で嫁が新しく生まれかわったと考える。

　空間が移動する時にシラを伴っている。小さな子供のお祝いの行事のなかで、伊豆七島の利島では、シラー様がある。これはオシラ様と近い表現であるが、シラー様というお人形を作った。女の子が七つに達するまでシラー様を作り、お祝いしている。東北地方のオシラガミ信仰の場合は、雛祭りの時に夫婦が舞いを舞って、神様を呼び出した。オシラガミ信仰とも関係するものであろうが、シラーという言葉は、新しいものを生み出していく、生み出そうとする語であり、一つの鍵を握っているように見える。
シラ不浄といった場合には、赤不浄や黒不浄とは違い、出産とか生命の誕生を表現する意味を持っているということになる。シラという言葉に何故こんなにこだわっているのかというと、いわゆるシラヤマが背後にあるからである。

シラヤマという行事は、民間神楽の花祭りの一環として大変有名なものである。シラヤマは、民俗学では重要なテーマのひとつになっている。折口信夫は、直観的に、シラヤマは天皇家が使うマドコオブスマと同じものだと言った。大嘗祭の時も、そのことで論議があった。シラヤマは籠るということを前提にした一つの容れ物である。その中に入って子供として誕生してくる。ということで、出産の空間を白いもので覆うということは、すでに『源氏物語絵巻』などにも示されていた。出産の場は白い帳で覆われていることから、マドコオブスマが連想されるわけである。それは、色の白と、誕生を意味するシラとが、結びつく根拠にもなっているのではないかと思われる。

このシラヤマについては、これまで多くの研究がある。たとえば五来重の擬死再生説は、定着した一つの考え方といえる。それによると「浄土入り」というのは、六〇歳でいったん亡くなり、再び蘇ってくることを意味していた。それは出産と同じことであるが、六一歳になって赤子に生まれかわるということを擬死再生により説明したわけである、これが立山と白山という、二つの山岳信仰の中にみられる、胎内籠りと同じものであると考えられている。いわゆるシラヤマは、それを平地に持ってきて、文化装置として作ったものだということになる。この五来説は、立山の布橋大灌頂が一つの根拠になっている。

五来説と対比されるのが、山本ひろ子の学説である。山本は、立山とか白山ということよりも、熊野がキーポイントであるという。擬死再生は、熊野信仰にもあり、シラヤマの中には地獄のイメージが極めて少ないという。地獄を強調しているならば、確かに立山や白山の方の影響といえる。布橋大灌頂もその表れの一つであろう。しかし平地の民間神楽の中には地獄のイメージが少ない、むしろ浄土がある。これは阿弥陀浄土にあたる。その阿弥陀浄土を想定しているのは、熊野の方であり、熊野曼荼羅の中で胎内くぐりをして蘇るというのが本筋ではないだろうか、と解釈している。

白山とか立山とか熊野という、日本の山岳信仰の拠点になる地域から抽出されて、修験や聖の宗教がシラヤマを作り上げてきたということが、類推されるのである。シラヤマが多義言語であることは明らかで、出産と言ったり、生まれかわると言ったり、生まれきよまるといった装置が、修験者を中心とした聖の宗教のなかには色濃く伝えられていることが特徴である。聖の宗教の伝播が背景としてあり、これが「河原巻物」のシラヤマともつながっていく点に私は関心をいだいてきた。

「河原巻物」については、最近は脇田修が大著をまとめ、それ以前も盛田嘉徳や、荒井貢次郎が、とりわけ東日本の被差別部落の巻物の内容について注目してきた。歴史学者は、これを擬文書として排除していたが、この擬文書は民間伝承の結晶したものであろうという理解が高まっていて、むしろ、文字面には表現されてはいない、隠された意味を捉えるところに近年の研究の焦点が置かれている。「河原巻物」のもつ内容の深さは興味深いものがあるのである。

民俗学の文脈からみると、その中から抽出できるものは、例えば葬儀の行列の中に、「龍天白山」という葬儀屋が使った白い天蓋のような道具がある。それは四本の竹で支えられている。その形式は明らかにモヤの形である。つまりモガリにおける、籠りと関連している。異界がそこには想定されている。野辺送りの中にシラヤマの「龍天白山」という言葉が示される。これは曹洞宗の教義に出てくる用語で、天蓋状の箱の中に入れて遺体を運んでいたと思われる。

その目的は何だったのか。マドコオブスマのようなモデルがあったことや、花祭りにしろ霜月祭りにしろ、天蓋状の白い箱が中天からぶら下がっている場面がある。大元神楽だと、太夫がその下にいくと神霊が乗り移って神懸りしたりするから、神霊が憑依する容れ物のように思われている。象徴的なのは、神楽が終了したとき、その白い容れ物は破壊されバラバラにされて地面に落とされるというシーンがあることだった。奥三河のシラヤマが、安政二年(一八五五)の時の最後の場面でもそうであったが、破壊されてその中から神子《かんご》が生まれてくるといわれた。その所作と類似したものではないだろうか。

つまり、神楽の象徴的な部分が、天蓋を破壊することによって生まれかわるということを表現しているとするなら、モガリとかモヤが、『古事記』や『日本書紀』に示されているように、八日八夜遺体を入れておき、その前でドンチャン騒ぎをしたという形式とつながっていないだろうか。今の葬儀は形式的になっているが、地方に行くと、お通夜には、村中の人が集まってきて、飲めや歌えの大騒ぎとなっていた。その間遺体は放っぽらかしにして、その前で大騒ぎをしているというシーンに出くわしたことがある。そこに本来の葬儀の在り方が想像されよう。

その時に使われていたもので、新潟県の民俗学者高岡功が県内の山北地方の葬儀を調べた時に、死者と思われている遺体を起こして座らせ、周辺に竹棹を立てて円錐形を作りその中に入れる。その周りをコモで覆い、足元のところを入り口だけ開けておく。そして遺体をしばらくの間放置しておいたという。医者が、山の奥だからなかなかやって来ないわけで、医者が来て初めて死を確認することになる。僧は一切そこには関係していないのである。医者が来て医学的に死を認定され、遺体を処理するということになったという。

脳死や臓器移植は、こうした民俗と不可分に関わっている。葬儀の行列でモガリ状の円錐形の建物が作られていたことが注意されよう。その報告記事を見た時に、あるいは近代以前遺体をその中に入れて蘇らせる作用がなされていたのではないかと考えた。この行為に専門的に関わった職人がおり、かれらは葬儀に重要な役割を担う人々であった。かれらが「河原巻物」を作ることによって、シラヤマを強調したということになろうか。

日本の民俗文化、神道・仏教・陰陽道などは、いろいろな要素がまとわりつくため基本型がわからなくなっている。シラヤマは、場所によってはハクサンという呼び方をするところもあった。シラにこだわるならば、シラヤマは、本来どの村にもあったと思われる普遍的な死者再生装置であり、そこに複合的な性格をもったシラヤマが組みこまれたのではないかと、想像する。

(二) 「シラ」から「スジ」へ

シラヤマ装置は村々の白山神社になったという道筋があるのかも知れない。しかしそう注文どおりの事例が無いことも事実である。白山修験は、近年本田豊の研究があり、被差別部落の弾左衛門の支配権とオーバーラップしていたことが知られている。一方、奥三河のシラヤマを始め、西南諸島で使われているシラヤマには、白山修験は直接関係していないこともたしかであった。

当初この問題を展開させたのは、柳田国男である。彼はシラという言葉にこだわって、折口と違う考え方を提示した。シラという言葉はスジという言葉とつながっているということであり、スジという言葉の意味が生じてくる必然性を解こうとした。

これも沖縄地方のデータであるが、シラは籾《もみ》を指す言葉であり、シイナから来たという。シイナというのは、籾殻がついたままの米である。シイナの保存法をまたシラといった。それは『おもろ草紙』の中に示されている。シラは、籾あるいはシイナを保存するための装置であったといえる。籾とかシイナは、稲種子であるが、それを白い種と書きシラチャネとも呼んでいた。つまり、ここでは漢字の白を使って、白色の種子というふうに理解しそうだが、稲籾は別にシラと呼ばれている、つまり白い色という意味ではなくて、籾殻のことをシラと呼んでいたことになろう。民間伝承を調べると、沖縄から熊本県辺りまでその分布が広がっていることがわかった。

更に北上していくと、岡山県辺りにイタジイラという言葉がある。刈った稲積のことである。稲を積み上げた場所をシラと呼んでいた。そして、稲種子をそこに保存するという装置が、東北地方にも分布していた。

ここで問題となるのは、稲種子の貯蔵場と人間の出産とがともにシラと呼ばれるようになっていたということであった。今のところこれに対して言語学からの反論がないので、そのままになっているが、シラという言葉は、生み育つものを表す古語として、沖縄語の中に残っていると説明されている。

育つあるいは育てるという語は、中央の共通語である。これは大きくなるという意味である。ところが南西諸島にある言葉の中で、育てるとか育つという言葉の原型にあたるものは、スジュンとかスデルという言葉であり、それがスジャまたスジという言葉に発展していったという。それと、シラとが、スディヤ、スデル、スジヤという言葉につながってくるという解釈になる。言語学的にはD音とR音が通い合う結果、育つとか育てるという文脈の上に、シラの意味が成り立っている。それがスジという言葉に通じたのであった。スジという言葉は、稲種子の種俵をスジ俵とかスジといっていることが基本的であり、これが中部日本により多く使われていた。スジ俵の上に正月には松を飾り、それを貯蔵しておいて、長野県下の民俗事例では、三月になると、それを播種に用い、その残りは田植えの日に炊いて食べたという。

スジ俵とかスジはまた、稲霊の敬称にも使われている。稲種子とシラチャネと、シラという言葉と、稲が育つという言葉とが共通のベースになると理解されたが、これが柳田説の注目すべき点である。それは、シラヤマのシラと具体的に結びついてくるからである。

要するに稲霊の成長とか誕生とかを表すということになってくるわけであり、それがまた代々継承されていたことになる。

再生という観念は、代々継承されていくという点に重要な意味がある。代々継承されていくということは、一体どういう意味があるのか。これがスジという言葉に関わる点であろう。

花祭りのシラヤマ行事は、安政二年（一八五五）で中絶したが、それ以前の段階に、シラヤマは再三行われていた。それはどういう時かというと、共同体が危機に陥った時であった。その際お神楽をすることによって、六〇歳になった老人達を子供に生き返らせるというのがその主旨であった。これは現在、「生まれきよまり」という表現で、宮参りを済ませた小さい子供が参加する行事として残ってはいる。しかし本来は共同体全体が危機状況になった時に行う行事だった。いわば危険な状態に対する対抗儀礼として存在したことになる。一九九一年一一月には、村おこしの一環として地元でシラヤマを作って再現したことが報道されている。

興味深かったのは、この行事が関東地方の千葉県から茨城、福島各県で行っている天道念仏の行事と類似していることである。天道念仏は、今でも雨が降りすぎたり、太陽がなかなか出てこないと、櫓を作り、その周りを若い衆が太鼓を叩きながら踊る、中央の櫓にあたるものが、船橋の事例として『江戸名所図会』に掲載されている。それを見ると、シラヤマの装置ときわめて類似している。四周に白い布は垂らしていないが、赤や青や白の札、あるいはゴヘイを挿んで全体を覆う。その中には入らないが、周りをぐるぐる回った天道念仏は、念仏聖が唱導して、村の危機状況が迫るとそうした装置をこしらえて太陽を呼び返すという主旨であり、その時期は大体四月から六月ぐらいまでのシーズンに当たっている。

唱導する聖の人々は、出羽三山の行者達で、三山講という講中をつくり、三山参りをした。お籠りをして身体を清め、浄土入りという形で出羽三山に詣でるのが出羽三山信仰である。天道念仏は千葉県下を中心に普及している。出羽三山の阿弥陀浄土にあたる月山に向かって浄土入りを行うものである。出羽三山は遠距離にあるけれども、千葉県下の三山講の人々はつねに出羽三山へ行っており、恒例化している地域と、長雨の時に、太陽を招くため特別に行う地域とが分布している。

これは農耕社会の儀礼として残っているものである。一度行人たちは村の籠り屋で籠ってから、死出の旅路の白装束を着て阿弥陀浄土に参るのである。

したがって被差別部落だけにそうした擬死再生装置があったというわけではない。普遍的にそれぞれの地域社会が擬死再生の装置を持っていたということを説明できるのではないだろうか。日常生活の中で、ケガレという形で表れてくるものを排除する時に、生活の知恵としてこうした対抗儀礼が生み出されていることが考えられよう。

ケガレ、キヨメという関係構図の中には、清めるという方法がさまざまにあった。たとえば水で清めること。これには千垢離《せんごり》や万垢離というミソギハライの方法がある。コモリ、ハラエというやり方では、ミソギで清めるという場合と、もう一つ、一定の空間に閉じこもって清めるという場合とがある。そしてハラウという考え方は、コモリとかハラエという用語から説明されていて、一般に民俗儀礼の基本にあるということが言える。

さてシラヤマもその文脈の一環にある存在である。特に葬儀のケガレは、遺体の腐敗ということで表れてくるが、それ以前に死者を蘇らせるために、シラヤマ装置を作った。それを実践した職能集団がいたことになる。三山行きの天道念仏では、出羽三山系統の行人とか行者たち、いわゆる聖の人々であった。シラヤマの場合は、山本ひろ子の見解では熊野の修験系の聖たちが関わっているということになる。いずれにせよこうした宗教的存在があって、さらにその基盤として先のシラが位置づけられてきており、それは民俗儀礼として顕在化しているといえるのではないだろうか。

(三) 霊としてのスティグマ

稲霊の再生と人間の誕生をシラと呼び、稲の種子をスジと呼ぶ。つまりスジとシラという言葉は同根の表現であった。このスジという言葉は、歴史的な展開の中では、血筋という言い方、そして家制度ができると家筋という言い方の中に包含されていく。その場合に、古代社会において家筋と呼ばれる以前には、神の血筋という言い方が優先していたと思われる。どういう神霊のスジを持っていたのか。血筋という場合は、一族では同じ血筋であるというふうに考えるのであり、同じ血筋ではなくても、血は霊魂の意味ともなるという。漢字で「血」と書くと、定まった概念になってしまう。ところが「霊」という字に対して、古代の読み方では、訓においてはチと読むのである。すなわち霊のスジと、それから血のスジとがあった。この二通りの読み方は、すでに義江明子が指摘している。すなわち霊力の分与ということが霊的なチの分かれだということになる。代々血がつながっていくという場合でも、親子の血ではないことになる。そこには血を超えたスピリチュアルなものが想定されており、それが古代の氏族における親と子という意味にとられている。親というのは先祖の祖であるが、さらにその一族という意味になってくる。歴史的には、八、九世紀になって、チを固定してしまい、血が家筋だけに収斂されてしまったということになる。仮に神の血筋という考え方が優先されると、その神がしだいに人間化してきて、開発先祖と同格になり、やがて中世末には各家の先祖の家筋というようになってくる。

代々の家の由緒書があるわけで、民間伝承の中には、例えば、ある家の長者の娘が水神と結ばれて神の子を産んだ、これは類型的には異類婚姻譚であるが、この世のものでないものと婚姻を結ぶことにより、長者の家は水神の恩恵を受けて、現実に水利権を保証されていた。それによって長者の家筋を維持できるという、特権が与えられている。こうしたモチーフをもつ長者譚は、日本ではきわめて多いのである。

このことは、現実に公文書があるわけではないから、直接証明できないわけで、神の血筋ということを言う場合には、この世のものではない異界のものと結ばれた家があり、それは聖痕を担っている。こういう考え方が表面に出てくるのは、民間伝承の世界だけである。現実にスジは、代々継続されていくという場合に、フォークロアの中には、例えば長男は先祖の生まれかわりだといったり、この子は誰々の生まれかわりだというようにお互いに言い合って納得するようになっている。

こうした認識は、先祖代々繰り返されていくが、血筋から家筋に固定化されてきて、霊的な血のスジではなく、今度は家に伴う血筋という形になってくる。それ以前の霊的なスジは壊されていくことになる。しかしそういう家筋とは相反するような、例えば脇の下に鱗があったりアザがあったりするというスティグマをもち、それは神の印であるというフォークロアが生まれる。そういう表現により聖なる家筋は次第に差別視されるような形になっていった。

民俗レベルでの血筋から家筋の成立と関わってくるのであるが、家筋が、家柄とか家格という形で、系図作りの民俗の中に入りこんできた。そうすると、その系図はあくまで特定の家の特権の保証ということにのみ使われるようになる。一般の家に残っている系図は、ほとんど系図作りの職人が作っている。それはワンパターンの内容になっている。ところが、その特権を説明する時に、経済的要因を保証するということが基本にありながら、精神的な優位性を説こうとする系図も生まれている。

これは、神の血筋の系図をそのまま蘇らせるという意図によって表現されたものといえよう。それは荒唐無稽な内容としてほとんど評価されなかった由緒書であって、これが被差別部落により多く残されていたのではないかと思われる。

弾左衛門由緒書の場合もそうであるが、「河原巻物」の中には、多く天皇家の家筋であるけれどもそこから外されたという言い方をしている。醍醐天皇には、聖帝というイメージがあって、醍醐天皇の多くの御子のうちの一人が我が先祖の家筋に連なるものとした。たまたま悪い病気にかかって不浄視された王子が、漂泊して、やがてこの地に定着したとのべている。郡司正勝は、正統な王家から外されて御霊になる王子は、激しく祟るということを前提にして、諸国を漂泊していたと指摘している。その祟りが鎮められることによって、そういう家筋が特定の土地に定着したことになる。天皇家にはならないけれども、その地域の小王となり、その土地の精神的支配者になった王家の末裔たちが、そこには数多く輩出してきていた。あるいは、そういう筋を説いた聖たちが、同じような形でその地に定着したということによって、聖の家と「河原巻物」を持つ家との関連がほのめかされている。

「河原巻物」は、めったに開けてはいけないといわれた。病気になった時などに、この巻物で身体の悪い部分をさするとよいといった、そういう魔除けにも使われていたのである。つまり、血筋というよりも、そこには霊的な力の継承というものをうかがわせるものである。郡司が言うような、御霊の王子信仰が示されるかどうかは、今後の問題である。被差別部落の民俗調査が、さらに丹念に行われる必要があろう。由緒書を見ると、先祖の血筋に対する深い畏敬の念が見られることがよくわかる。しかし普通の家の由緒書にあたる系図には、霊的な力はほとんどみられない。こうした天皇家との結びつきを説くところに、被差別の文化的要因の一面が提示されているのではないだろうか。

血筋とか家筋を考える時の、民俗学上の視点が、「河原巻物」や「由緒書」から発見できるのではなかろうかと考えている。

V　ケガレの民俗文化史

一　民俗概念としてのケガレ

(一)　ケガレの必然性

民俗学の上で、日常生活文化を分析する概念として、ハレとケが定立して久しいが、この概念の民俗事象に対する具体的適応になると、多くの混乱が生じている。これまでの知識の集約からいえば、ハレが晴れで、日常生活のなかで特別に改められた時間と空間を表現する語であることは、証明されている。晴れの機会としてとらえられる典型的な時空間は、公的な儀礼の総体であり、民俗事象としては、祭りやその他のイベントに強く表現される。ハレの時空間に、人々は晴着を着て、ご馳走を食べ、祭りの聖空間のなかに位置づけられている。一方ケの方は、日常のごく普通の時間と空間を表現する語とされる。主として「褻」の漢字があてはめられており、その使用例は少ないが、民俗語彙としては十分に成立している。褻の機会は、公に対して私的な立場にある。朝起きて仕事に従事し、夜家に帰って寝るという日常生活のリズムのくり返しである。

ハレとケの概念について、これを対比するものとみず、相互補完的な構造をもつことを指摘した伊藤幹治は、ハレとケの概念により日本文化の内在原理を求めようとした。「日本の民俗社会に表象されるハレとケの世界は、時間的にも空間的にも柔軟性に富んでいて、固定化されず、しかもそれぞれが相互補完的関係にある」（伊藤幹治「日本文化の構造的理解をめざして」『季刊人類学』四巻二号、一九七三年）という原理には、日本社会が水稲栽培を基調とした季節の分節構造をもつ故に、一定の継続的な時間としてのハレの季節とケの季節は存在しないという前提がある。

周知のように、ハレとケの概念を、聖俗二元論にあてはめる考え方はこれまで有力な立場を占めていた。フランスの社会学者デュルケムによる聖と俗という二つの概念は、両者が絶対的に対立し、かつ相互に共通性をもたないことを前提とする。さらに聖には両義性がある。聖には、浄と不浄、吉と凶という相対する異質の神秘的な力が宿っているという。デュルケムの学説の基礎には、中央オーストラリアの部族社会の社会生活の実態がある。中央オーストラリアの明確な雨季と乾季の対立は、その風土に根ざす社会生活を二元化させている。乾季には集団が分散し、労働を中心とした俗なる生活が営まれるのに対し、雨季には、人々が集団に結集して、祭儀を中心とした聖なる生活が営まれるという。すなわち聖と俗の二元的対立と規則的交替が、季節のリズムに対応する社会生活の二元化を反映するという考え方である。伊藤が指摘するように、日本の民俗社会は、一年が稲の播種から収穫に至る時期と、稲の収穫から播種に至る時期とに二分されるわけではない。前者は農繁期で労働を中心に過ごし、後者は農閑期で祭儀を中心とするという単純な図式化は不可能なのである。祭りは農閑期に集中するわけではなく、農繁期と農閑期の端境にあたる春と秋に典型的に表われている。一方夏と冬は稲作のリズムとは直接関係していないが、ともに夏祭・冬祭を行うのが原則でもある。簡単にいうならば、デュルケムの聖俗二元論を適応すべき社会的基礎が日本には存在していないことになる。

最近、前記伊藤は「非日常的世界再考」(『成城大学民俗学研究所紀要』第一四集、一九九〇年)を著わし、西欧における反デュルケムの人類学理論をいくつか紹介しながら、聖俗二元論の絶対的対立にのみ固執してハレとケをとらえがちな、日本の学界の傾向を批判している。興味深いのは、デュルケムと同じフィールドに立ちながらW・E・スタンナーが、聖に対立する俗以外に「通則(common)もしくは凡俗(mundane)」という第三のカテゴリーを設置する必要性を説いた点である。またデュルケム以前にヴァン・ヘネップは、聖と俗の関係は可変的なものであり、個々の状況によって一定せず、経験的レヴェルにおいては、聖なるものが俗に、俗なるものが聖になるという価値転換が起こることを指摘していたし、エヴァンス・プリチャードは、さらにより豊富な事例でもって、聖と俗の相対的対立を実証した。伊藤ものべているように（前掲「非日常的世界再考」四三―四五頁）、デュルケムの聖俗の絶対的対立の立論は、ユダヤ・キリスト教的な宗教伝統に基づく展開なのであり、これにより無文字社会の民族誌における聖と俗を全て裁断することは間違いを招きかねない。日本社会の場合にも、デュルケムの理想型をそのまま適応してハレとケにあてはめることは、安易な発想といわざるを得ないということになる。

日本の民俗学が有力な分析概念の一つとしてハレとケを採用して久しいが、当初ハレとケについて両者の間の対立に固執した立論が多くあったことは事実である。そこでハレとケの相対化という視点に立ちつつ、必然的にハレとケが厳しく分けられない日常生活のあり方に対して成立した第三のカテゴリーとしての「ケガレ」について考えておきたい。

(二) ケガレのとらえ方

一九七〇年以降、ハレとケを相互転換する二項とみなす考え方の発展の帰結としてケガレの概念の設定が論議されだした。その先端をきった波平恵美子は、民間信仰に体系化の主要素として、ハレ・ケ・ケガレの三者をとり上げた。波平によると、ハレは清浄性・神聖性を示し、ケは日常性・世俗性を示し、ケガレは不浄性を示す漠然とした概念であり、その本質は不明瞭である。波平は概念の内容としてよりも、儀礼の上で三者がどのようにからみ合っているかが問題だとしている。ケガレはハレと対立するもので、ハレの部分を占める性格ではない。むしろケガレを排除することによってハレが成立するという理解が成立しているという（波平恵美子『ケガレ』東京堂出版、一九八五年）。ケガレはハレと類似して日常性から切り離されるが、ハレの神事とは対立している。そしてハレとはちがい、不浄、穢れたもの、邪悪、罪、死、病気など災厄、不運などを属性として備えている。聖なるハレを表す神道儀礼のなかでは、ケガレはその一部分に属している。その場合ケガレはハレの祭りから排除される不浄部分を構成していることになる。いわばハレのサブ・カテゴリーとしてのケガレの要素がそこに認められるのである。

このハレとケガレの組み合わせが、聖の両義性にあたるのではないかと、伊藤は指摘している。それは聖には浄と不浄、吉と凶という異なった神秘的な力が混在しているとみられるからであり、「聖に内在するとされる浄をハレに、もう一方の不浄をケガレに比定し、そのハレとケガレをそれぞれ俗に比定したケと対立させる、という論理」（伊藤「非日常的世界再考」四九頁）からすれば、ハレ・ケガレ対ケという二項対立が枢軸にあることになる。

一方ケガレ概念に注目した桜井徳太郎は、ハレとケの媒介項としてケガレを定立させた。そしてケからケガレへ、ケガレからハレへ、ハレからケへという、三極循環論を展開させているのが特徴である。この場合、三極の中心にあるケからケガレを説明することに一つの意味があったといえるだろう。

桜井は、こうしたケが語源的には、稲を生長させる霊力をさすものとみており、ケが枯れる状態が、すなわちケ枯レ＝ケガレであり、このケガレを回復するのが、ハレの日の神祭りの機会だとして、ケ→ケガレ、ケガレ→ハレ、ハレ→ケの循環論を提示したのであった。

「毛枯る」という言葉がある。これは雑草がおいしげってしまい、穀物の稔りが弱まった状態をさしている。稲の霊力が弱まることがすなわちケ枯レと表現されることも状況説明としては可能なのであろう。とりわけ年中行事のうちの農耕祭儀にかかわる部分については、より多く説明できるものといえる。

日本の各地で、ケに対して使われている民俗語彙として、たとえば、日常生活空間を「ケゴ」（褻居）と称している事例がある。ケゴ（褻居）の中心は「ケザ」である。ケザ（褻座）は、具体的には住居空間のイロリ端を表している。そしてケザの中心にすわっているのは、家の主婦である。ケゴという空間の中心であるケザにすわる主婦が、「ケシネビツ」（米櫃）を管理していることになる。

日本の民俗社会の中で、日常生活を象徴的に表している言葉としてのケ、この実体は、コメビツを維持する主婦の力とかかわっていることになる。このケが維持できなくなる場合に、どういう対応が生ずるのかというと、それが主婦の神祭りによるハレの文化になっていくものと説明されている。

ハレは現象的にはケと対比されることは明らかであるが、しからばケが維持できなくなる状態とは何かということが問題であって、そのような状態は、ケのエネルギーが減退するか、あるいは消滅しかかることを意味することになるということが、ケガレ発生の原因となされることが桜井の説明から明確になってきた。

ケの力がおとろえていく状態を、ケガレとして民俗事象を説明する場合、象徴的には主婦が管理している日常的な空間であるケザに置かれるケシネビツが、充足されなくなるような事態をさすことになる。

だが一方で、ケガレといえば、漢字で穢れと示される文化体系が存在しており、神事はつねに穢れ＝不浄を排除することを前提として成り立っていることも明らかである。

一つの特徴は、ハレの日に、ケガレの概念がより大きなスペースを占めてくることだった。穢れ＝ケガレの意味内容については、すでに『延喜式』触穢の条で、文献の上に規定された「穢れ」によって示されている。民間社会にあっても、それは血穢や死穢として伝承されており、通過儀礼のうちで出産や成人式、葬儀などに表面化していた。

こうしたケガレの意味はさらに、広義にうけとってみるならば、婚礼とか年祝い、厄年などのように一見無関係に思えても、それぞれの個人的な「ケガレ」の状況を回復する儀礼であるという意味でとらえることも可能なのである。

ところで桜井のハレ論には、聖の両義性が導入されていると伊藤は指摘している（伊藤前掲「非日常的世界再考」五五頁）。それは桜井がハレを正と負に分け、正のハレを祭りや結婚式などの祝儀とし、負のハレを葬式法要などの不祝儀とし、両者は同様の性格をもつものとしている点である。この場合、ケガレ＝不浄という前提は成立しておらず、ケガレはケの活力の衰退という理解にもとづいている。これは桜井が「相互に転換するハレとケのダイナミックな構造的連関を作動させる第三項としてのケガレ」という概念を意識しているからにほかならない。つまりケガレはケのサブ・カテゴリーであり、構造的には「ハレとケの媒介変数」として位置づけられるのである。

すでにハレとケのイレカワリ原理について自説を展開していた伊藤は、如上の波平・桜井のハレ・ケ・ケガレ論を批判しながら、とりわけ桜井のケからハレへの転換の契機をケガレ以外に、ケなる日常生活のなかから抽出すべきではないかと主張している。伊藤はむろんハレとケを聖俗に置換しようとする志向をとっていない。ハレを非日常、ケを日常としてとらえようとしている。具体例として祭りの世界における非日常性を分析して、そこに超日常的世界と、反日常的世界の二つの面を指摘する。前者は日常的世界の有限性を超えた世界であり、後者は日常的世界の秩序や規範と対立する世界である。さらに前者は祭儀、後者は祝祭に対応しているのである。伊藤によれば、「われわれは、こうした二つの対立した象徴的世界を創造することによって、世俗的秩序を維持すると同時に、その再認識と刷新をはかっている。そして単調になりがちな日常生活のなかに、折り目をつくって一時的に祭儀や祝祭をおこなうほか、自分たちの成長過程に節目を設けてさまざまな通過儀礼をおこなっているのは、日常生活を規制する世俗的秩序の再確認と刷新が日常的世界の維持と持続にとって不可欠のものだからであろう。そこで問題となるのは、日常的世界から非日常的世界に転換する場合、そこにどのようなメカニズムが存在するのか」(伊藤前掲「非日常的世界再考」六二頁)という問題提起を行っている。その際伊藤が注目しているのは、アメリカ在住の文化人類学者、大貫恵美子の視点である。大貫は浄と不浄が絶対的カテゴリーではなく分類の構造原理であり、ハレ＝浄は不浄がきよめられ抑制されることにより成立する。一方ケ＝俗は浄と不浄の二つの属性を備え、不浄は儀礼により浄化されるととらえている(Ohnuki-Tierney Emiko "The Monkey as Mirror : Symbolic Transformations is Japanese History and Ritual" Princeton Uni-press, 1987)。日常的世界の内部には、浄と不浄とが未分離の状態で存在しており、特別な状況に限って、両者の分離が意識される。それは祭儀における準備段階にあたる忌《いみ》籠りの時間である。この時間内で不浄が排除されかつ浄化されていく。それは日常的世界から非日常的世界への移行過程であり、こうした浄と不浄という分類概念を操作することにより日常的世界から反日常的世界への転換も可能ではないかというのである。おそらく次の問題は、浄と不浄という分類概念を使って、日常的世界の構成要素のどの部分が不浄にあたり、浄化の対象となるのか。そして浄化の世俗儀礼が自然発生的かあるいは人為的に執行される契機はいかなるものかを突きつめる必要性があるのではなかろうか。この場合祭儀・祝祭に適用される可能性がのべられているが、伊藤もいうように都市の新しい型の祝祭に対応する概念の妥当性についてはまだ十分に吟味されていないのであり、今後の課題となるだろう。

(三) ケガレの力

ところで谷川士清の『倭訓栞《わくんのしおり》』では、「けがれ」を触穢の対象としながらも本来「気枯れの義」であるとのべている。触穢の穢については、それが祭祀における最大の忌みであり、死穢と血穢がその典型的な事例であった。漢字の「穢」についての訓には、「けがらはし」とか「けがらひ」などがあり、いずれも「けがれ」から派生したものと理解されている。「けがれ」と定められている内容は、死者の周辺に発生する死穢であり、とりわけこれが火を通して伝染すると意識されることが一つの特徴であった。次に女の月水、月の障りということで、それは「婦人の穢」と考えられた。『倭訓栞』には、「漢律」にも、月水の場合「不レ得レ侍レ祠」とあって、中国大陸においても、神事に女の月水を忌む慣習のあったことを記している。獣肉を食べる穢れは、『延喜式』に、死穢・血穢と並んで記載されているし、糞尿も汚穢の対象であったことが分かる。

　人間の日常的な営みの中に、自然に「けがれ」は発生したものであり、やがて火や水を媒介として、神事との関わりにおいて触穢の観念が成り立ってくることをうかがわしめる説明なのである。

　谷川士清の説では、「怪我」の「けが」とは、穢れの略であり、「身を傷つきて血をあやすよりいてける詞」としている。これも出血による「けがれ」という意味なのであろう。女の障りとしての出血を「けがれ」と観念することも同様であり、このことから「気枯れ」の義とした理由も考えられてくるのである。

　この場合、「け」を気とした意味が重要である。「け」に対しては、ほかに食、毛、褻の漢字があてはめられている。「毛」は、稲をはじめとする田畑の作物を表すが、谷川は、毛も気より生ずるもので、「天毛をふらし、地毛を生ずる事まゝあり、皆発蒸の気凝て成れる也」としているし、「食」についても、これが気から出た語であり、気は熟した食物をさすものだと理解している。

「けきよく」は、気清と表現し、藤原為忠の「古里ハけきよく人もかよひきて雪ふみけかす跡だにもよし」をその用例としている。これに対して、「けあしき」は、気悪と表現し、『拾玉集』の「おきつ風けあしけれともこき出ぬと都の人にいかてしらさん」に示されている。気清、気悪ともに「気」の表現があり、自然環境の空間認識にもとづいていることは明らかであろう。いわばそれは空間にこめられている活力の総体であり、それが清くなったり、悪しくなったりする。気清・気悪の漢字は、そのことを表現しているのである。

同じ文脈に則していえば、「気枯れ」もまた、生命力が衰退する、枯れていくという状況がある。しかしこれを触穢と表現したところからみると、むしろ人間の営みに限定されて説明した方が妥当である。つまり人間の生命の活力源を気とみる考え方なのである。そうすると、気枯れは、気離れに通じてくるのである。

一説に、褻枯れの意とする立場もある(『岩波古語辞典』)。この場合、「け」を気ではなく褻にとっている。先の『倭訓栞』では、褻を「なれて常とするを也」として、「はれ」の対立語としている。褻は本来、衣服のふだんの有様を説明するものであるが、次第に拡大して、日常の生活感情まで含めたらしい。「けがれ」が、褻枯れだとする説は、ふだんの状態ではなくなっていることを意味するが、それがただちにハレに対比されたのかは疑問である。

褻は、ふだんや日常を維持する活力すなわち気に相当する意味であろう。そこで気枯レが、褻枯レにも通底することにもなる。気離レはもちろん活力を一種の霊気と認めたところから成り立つ表現といえる。

一方でこれを触穢としているのは、神祭りなど神事への対応からである。人事における気離レ・気枯レが必然的に神事との関係から忌避されタブーとして制度化したことになるのである。ここに人間の内在から発してくる「人のけがれ」と、人と神との関係から生ずる「神のけがれ」という二つのカテゴリーが成立すると思われる。

前者のけがれ＝気枯れについて、さらに考えてみよう。『本朝医談』二編には、気の病いについて次のように説明している。「気が惣身へのびて滞なければ病ハなき也（中略）。又気がちりてすくなくなれば病なり、是れは気がすくなくなれバ力よわくめぐり得ずして、所々とまりて病をなす也」というのである。すなわち気が少なくなったり、弱くなると、病いになるという病い観なのである。気が人間の体内をめぐっている、それが渋ると、気の力が衰弱する、こういう状態は、要するに気枯れに相当するのである。医学的には、気のあり方は、血液の循環に似ている。「気血」という表現もとられているのである。『延喜式』忌詞には、病をやすむとし、止の字を書いて、これにやまいと訓じている。すなわち止まるということは、日常的な行為の中断を意味したのであり、それが休むことに連なったためであろう。

人の一生のプロセスには、くり返して休むことがリズムとしてあり、それは体調が芳しくないためである。医学的にみれば病気なのである。病いが集中する時期は、個人差はあるが民俗知識として厄年が意識されている。一般に厄年は、男が二五、四二歳、女が一九、三三歳といわれてきた。この中で四二歳については、四一を前厄、四三を後厄、そして四二歳のとき子が二歳になっていると、「四十二の二つ子」といって、とりわけ忌まれた。四二歳については、四二の音が、死の訓に通ずるためとくに恐れられたとされている。

一〇世紀末に成った『世継物語』に、四二歳の厄が記されており、それは一千年近くつづいた知識なのである。『近代世事談』には、「男子ハ四十一歳気おとろふる」とし、「八歳より血気さだまり、十六歳にて精通じ、かくのごとく八年づつにて血気変じ五八四十にて血気満ちて、四十一歳より血気おとろふるゆゑに、四十を初老といふなり、それよりしだいに血気変じ、八々六十四にて血気おとろへ精つくる」としている。一方女の方は、「七歳にして血気さだまり、十四歳にて経水いたり、五七三十五にて血気満つ、それより漸々におとろへ七々四十九にて血気つき、経水絶えて懐胎なし」と記されている。この場合の「血気」がすなわち気の力に通じるものである。血気が盛んとなったり、衰えたりすることが、人間の一生に折り目となっており、それは男は八年ごと、女は七年ごとであり、男は陰数、女は陽数とする考え方である。その中でとくに災厄と意識されたのは、四二歳の折り目で、その訓が死に通じていたためである。前出の「四十二の二つ子」とは四二歳のとき二歳の子は、親子が合計で四四となるということが恐れはばかられたためであった。さらに四〇代前半に、気枯れの状況がおとずれるという経験的事実があったためと思われる。そこであえて四二歳にこだわらず、四一歳を起点とし、二、三年は、用心にこしたことはないという生活の知恵が働いたと思われる。女の方はそれが三〇代前半に集中したらしいが、とりわけ三五歳を「血気満つ」としている。その後の三七歳を大厄とした『源氏物語』の記事があり、これは自然の理なのかも知れない。

筆者の考えは、これまで明らかにしてきているように、日常性を表現しているケの実態を前提としている。ケガレについては人間の生命力の総体というべき「気」が持続していれば日常性が順調に維持されるはずである。しかし、そういかなくなった場合、気止ミ（病気）や気絶という現象が現れ、この状態を気涸れ・気離れ・毛枯れと表現したものと想像しており、ケガレはケのサブ・カテゴリーとみている。重要な点は、ケからケガレに移行する局面と、ケガレからハレへ移行する局面であり、おそらく後者の場合衰退したケの回復のために相当量のパワーが必要とされるのであって、それは祭りなどの儀礼に現象化されているのであろう。ケ↓ケガレ、ケガレ↓ハレの状況をみると、ケガレが境界領域として存在していることは明らかなのである。

こうしたケガレの本義からすれば、民俗知識化した汚穢・不浄に相当するケガレはその一面のみが拡大解釈されたのではないかと推察される。しかし波平の批判点にもあるように、汚いものに対する生理的嫌悪感を、ケガレとする基本的心情も否定できない（波平前掲『ケガレ』三三頁）。ケガレが不浄と一致しさらに肥大化した経緯は、歴史学の方から岡田重精や高取正男が明らかにしてきており、ここで詳細は触れない。その観念は古代以来の都市人の発想によるところが大きかった。都市に死穢が発生したことは、平安京、京都を通じて示されており、主として貴族社会の日常生活と密着してそうしたケガレ観が展開した。死穢と並んで血穢もまた、都市中心の生活意識として密着したのであり、代表的事例は、女性の穢れに括られる内容である。出産や月事に伴う血の汚れをケガレとみる「ケガレ」は、国語学者たちの指摘のように「ケーカレ」ではなく「ケガーレ」という語源によるものかも知れない。こうした語源解釈論については別に考えるとして、文化論としてのケガレ現象は「見えるケガレ」と「見えないケガレ」とに分類されるのではないか。「見えないケガレ」とは、いわば唯心的な側面を意味しており、たとえば気離れのように表面的には顕在化していなくても、気の維持が不可能になっている状況を示す。一方、

「見えるケガレ」の方はいわば唯物的な側面をもっており、直接触れるキタナイモノと同義になっている。両者の総合あるいは一体化が可能となる事象もあるだろう。現象上「見えるケガレ」の方については、当然それを排除する志向がある。一方「見えないケガレ」については、表面上とらえにくいものがあって、気が離れていくという民俗的事例については、儀礼を支える潜在意識下の構成要素といった漠とした理解があるだけである。眼に見える汚穢をもたらしている要因の一つに気離れという内在的要素があって、それが顕在化すると、汚穢のキタナイモノと同一視されるのではあるまいか。

ケガレを気枯れとみなす発想は、前記谷川士清の『倭訓栞《わくんのしおり》』のほかにも、たとえば幕末の神道観にも積極的に用いられた節がある。たとえば黒住宗忠の一文に「人は陽気ゆるむと陰気つよまるなり。陰気かつときはけがれなり。けがれは気枯れにて太陽の気をからす也」とか「けがれは気がれ也。夫故、腹をたて物を苦にするをけがれの第一とする也」等々の表現をみると、これは汚穢に直接結びつくケガレではない。菅田正昭が指摘しているように(「『ケ』の本義」『アーガマ』第一一三号、一九九〇年)古神道のなかに潜在化されている意識の表れなのかも知れない。

右のケガレと、汚穢のケガレの相関関係について、これを原型と変容の関係でとらえるのか、あるいは別々に発生したものとしてとらえるかは、ケガレを多義言語として認識する場合に重要となってくる。ケの派生語としてみてきたことから、ケガレは文化理論のコンテキストに入ることが可能となったのである。しかしケガレの概念が錯雑するのは、現象面ではほとんど常識化して定着している汚穢の観念と同体化するためなのである。

(四)「エンガチョ」考

民俗知識としてとらえられるケガレについて、エンガチョの遊びと深い関連があることが指摘されている。すでに前出したが、京馬伸子の報告によると(「子どものケガレを考える」(一)『民俗』第一三四号、一九九〇年)、子供が犬のくそや猫の死体などを道でうっかり踏んだり、素足で学校の便所の床に触れたりすると、エンガチョになるという。仲間の子供がそれに気づくと、「〇〇チャンはエンガチョ」とはやしたてられる。そして子供たちは自分たちにエンガチョが感染しないように指でカギをつくり、「エンガチョしめた」と叫ぶ。エンガチョとされた子供は、誰かにそれをつけてしまえばエンガチョでなくなるので指のカギをまだつくっていない子やカギを離している子供をねらってパッと触る。そして「エンガチョつけた」と叫んでエンガチョでないことをPRするのである。京馬は、「エンガチョの「きたなさ」に対する嫌悪とか罪悪感は、当時の私にとって大変なものだった」と体験的に語っているが、同様の経験をしている世代は多かったと思われる。次のような事例もある。「エンガチョは触れるとその人にキンがうつって他の人に伝わる。キンには、オトコキン・オンナキン・ハゲキン（禿の先生がキンをもっている）、ゲボ（ものを吐いた）のときのキン、トイレキン（男で大便所に入って鍵をしめた→用便をしたのできたない）、絶交キン（友人と絶交したとき）などがある。みんながバリヤーをしているとエンガチョのキンがつけられない……」（京馬、前掲三頁）。

この説明をみると古代の『延喜式』触穢条をほうふつとさせるだろう。エンガチョと称されるケガレは空間を通して伝染していくという心意が今も昔も変りなく指摘できるのである。キンはばいきんのことで近代用語であるが、ケガレに対応する不浄を示している。そして「きたない」の内容は、犬や馬・牛のくそ、はなくそ、ゲロ、血などのほか、給食を食べているときはねたおかず、どぶに落ちた子、学校で用便した子、机のまわりがごみだらけの子等々であり、子供の想像力がケガレの性格を表現しているのである。重要と思われるのは、「きたない」とは別の意味がそこに発見されるという京馬の報告である。たとえば「馬のくそをふむと背が高くなる」「犬のくそをふむと背が低くなる」「女の子や女生徒は馬のくそをふむと髪が長くなるといって、乾いた糞をわざわざ踏んであるいた」「馬のくそをふむと、足が速くなる。牛のくそをふむと力持ちになる」等々。これらの資料はケガレのもつ両義性を示すものである。ケガレの背後にある種の霊力の具現化をよみとることができるのである。ケガレには特別の呪力が働いており、ケガレを排除する行為の基底につねにそれが意識されている。これが前出した「見えないケガレ」ではないだろうか。ケガレに対して排除する力が強く働けば、それに拮抗する力が発現してくるとみてよいのである。その力がいわばハレを起こすエネルギー、あるいはパワーにあたるものといえるだろう。

このエンガチョの遊びが「縁切り」を意味し、エンは穢を含めたさまざまな「穢」を切断する自由な生命力を具現化するもの、とした網野善彦の解釈は興味深い（網野善彦『無縁・公界・楽——日本中世の自由と平和』平凡社、一九七八年）。縁は境界であり、境界を破ることによって、空間は自由になる。エンガチョの遊びは、きたない空間に対して、子供が指でバリヤーをはりめぐらすことにより、汚染を避けるという呪《まじな》いが先行しているが、別の伝承では、その縁に連なることによって、異常なパワーを獲得できる心意を秘めているのである。これは明らかにエンのもつ両義性により、エンは縁であると同時に穢という多義性を含めて成り立っていることが分かる。穢をさけると同時に縁を切るという重複する心意は、ケガレが汚穢と同時に気離れにあたることを潜在的に意識していることによるのだろうか。

エンガチョの縁切りは、パフォーマンスを伴う子供の遊びとして伝承されたが、伝承のなかから、ケガレの認識の仕方に対する二つの志向が想像できた。一つはよく見える汚穢の実態をとらえ、これを排除するための呪法や儀礼が行われることであり、二つは見えない気離れの状況の回復を意図して積極的な儀礼が行われることである。両者の基底にはケガレのもつ両義性から生ずるパワーがあり、それがパフォーマンスを支えており、ハレの時空間を成立させることになるのである。

ケガレに即応する力の存在を説明するのに、前出のエンガチョのもつ両義性は一つの参考例になるが、実際に行われる儀礼のプロセスにそれを発見することもまた可能である。たとえば神事に必須であるコモリ、ミソギ、キヨメ、ハラエなどの用語に注目するならば、これらは神事を直接担うための条件を整える行為なのである。コモリは日常生活から隔離された空間に入ることであり、宮座祭祀の頭屋《とうや》がコモリを経ることによって神に生まれ代わると認識されている。コモリは境界を超えて別の世界に入ることになるわけで、それがいわばエンガチョの一面を示すのである。ミソギは水を使ってキヨメを行うことであり、さらに同様の意図にハラエがある。ハラエの特色は、制度化されたケガレ排除の行為であり、たとえば宮廷行事の大祓がその代表的事例であろう。穢れの発生に対処すると思われる大祓の分析によると（山本幸司「穢の発生と大祓」『月刊百科』第三三五号、一九九〇年）、その内容が複雑化しており、たんに穢れの発生だけが原因とはならないという説もある。

またハラエの語は、ハレとハルカに分化するという国語学上の指摘もあるが、ハラエによってケガレを除去するという作法は、神道儀礼として定着している。キヨメの意図がコモリ、ミソギ、ハラエなどに共通して備わっていることは、対象としてのケガレの力に拮抗するための手段が多様化していることを示していることになろう。ということは、ケガレを前提として、ケガレからハレへ移行するためにいかに人々が大きなパワーをそこに集約させているかを知ることになるのである。

二　穢気＝ケガレの発生

(一) 神事の清浄性

「穢悪《えお》」すなわちケガレた状態が発生したことに対して、それを明示して穢れの及ぶ空間を設定するために触穢札が立てられるようになったのは、一〇世紀後半の段階であった。当初は犬の死骸が御所周辺に発見されたり、犬が出産したのを誰かが見つけたりすると、「有レ穢仰ニ諸陣一令レ立レ札」（穢れがあることを諸陣に命令し、札を立てさせる）（『禁秘御抄』下）ということになった。この立札は「穢札」とか「穢気之札」と称されている。この札は、その周辺の空間に、一定期間「穢気《えげ》」が滞留していることを明示した標識である。天暦元（＝天慶一〇）年（九四七）二月四日、左近衛府《えふ》の少将の曹司《ぞうし》（用部屋）に、一匹の犬が死人の首と肩と片手をくわえて入り込んできた。これが発見されるとただちに左近衛府に「卅日穢札」が立てられた。左近衛府の役所全域が穢気のこもる場所として認定されたからである。ところが、御修法所《みしほどころ》の童がどうしたわけかこの立札のことを知らないまま、左近衛府内に入ってきて、そこの井戸水を汲んで内裏に持っていき用いてしまった。つまり、「其穢交及二内裏一」（その穢れこもごも内裏に及ぶ）という事態になった。そうなると左近衛府にとどまっていた穢気は、さらに内裏に及ぶこととなり、新たに「七箇日穢」が沙汰された。今度は左近衛府内部だけでなく、御所全体が穢気に汚染されていると考えられた。これは一〇世紀半ばの平安京のとりわけ御所中心の出来事である（以上は『日本紀略』天暦元年二月四日の記事による）。さらに『三代実録』仁和二年（八八六）九月一二日の記事には、伊勢大神宮への奉幣使の出発にあたり、光孝天皇が大極殿に出御しようと乗車した。ところがたまたま御所の画所に犬の死骸が発見されたのである。そこで太政大臣と諸公卿が相談した結果、この犬の死骸の発見された場所が、ちょうど左衛門府の陣内にあたり、またそこは門の近くにも位置しているので、もし天皇が出御して奉幣使が出立すると、穢気があちこちに伝染することになってしまう、ということで「立二札於衛門陣一。告二知事由一。不レ聴二出入一。為レ潔二禁中一也」（衛門陣に立札させ事由を告げ、出入を許さず禁中を清浄にさせる）という結論となった。この場合、画所のある衛門府の陣内に穢札を立てることによって、穢気をその周辺に限定してしまうのである。仮に神事が行われると、天皇をはじめ禁中の者が内裏の内外を出まわることになって、御所の外部へと穢気が伝染することになる。したがって、「天下触穢」になりかねない状態である。これを防禦する意味で穢札の機能はきわめて重要だったのである。

いったいに「有レ穢」という情況が、死体の腐敗による穢気＝ケガレの発生に基づいていることは、今までの諸事例からも明らかであろう。それは死穢と表現されるものであり、『延喜式』には、とりわけ死穢による穢気の伝染についての詳しい規定もなされている。その一つに、一般に「甲乙丙の三転の忌《い》み」といわれるものがあった。甲は死者の在所にあたる。乙が甲の所に入った場合、乙および乙と同所の者たちが全て穢気の対象となる。次に丙が乙の所に入った場合、丙一人のみ穢れとなる。そして丙所の他の者は、穢れにかからないとする。これらを二転目の穢、三転目の穢とみなして、その間に死穢の及ぶ期間の長短があった。つまり甲の穢は三〇日、乙は二転目で二〇日、丙は三転目で一〇日とされるのがふつうであった。こうした規定は「触死穢」に対する恐怖感の裏返しといえるだろう。嘉承二年（一一〇七）正月三〇日に、尾張国（愛知県西部）から死人骸骨が運ばれてきて、兵衛尉《ひょうえのじょう》家季の京宅に置かれた。その間家季の家の君たちがあちこち出歩くことがあった。そのため「近日世間丙穢遍満云々」（近日世間に丙の穢れがみなぎった）という状態になったという。つまりそこに三転目の穢れが生じたこととなり、次々と穢気が伝染していったのである。そこで伊勢勅使が延引することにも及んだと『中右記』には記されている。

「死人の候所ハ甲也、死人取弃《とりすて》之後、入二其所一之人ハ乙也、其人の来所ハ丙也、其人去之後、来二其所一之人ハ丁也」(『宇槐雑抄』)というように、こと細かに触穢の段階を定めているのは、死者に直接触れなくても、穢気に染まるとする空間をどこまでにしなくてはならないのかという切実な要求に基づいている。そして丙の次に丁の段階を設け、結局丁穢に属するならば神事に関与できるのかどうかという問題へともっていくのである。そこには、神事を穢気の空間から断絶させる境界を確認しようとする意図があった。やがては「丙の在所までいみ候、四てんよりはいみなく候」(「御霊社服忌令事」『吉田家日次記』)という結論を導き出したりもしている。

一方に穢と穢空間を設定し、対極に神事空間を置く。そして意識的に神事の清浄性を浮彫させようとする意図が、触穢の規定にははっきりうかがえるのである。

ここで想起されるのは、かつて高取正男が柳田国男の提出した葬制論をうけて展開した、死穢に対する禁忌《きんき》意識の問題である(高取正男『神道の成立』平凡社、一九七九年、一七〇―一八八頁)。これはきわめて重要な民俗的事実に基づく論議であった。高取は、屋敷の中あるいは屋敷に付属した場所に墓を作る例が、民俗としてはかなり普遍的であったことに注目する。死穢との関連からいえば、一般に死穢のこもる空間に接近して日常空間が存在することは理解をこえることであるにちがいない。葬地は人家を離れた場所に設けるのが本来の姿と考えがちであろうが、その逆の傾向を示すのはなぜだろうか。高取は、旧墓地が、屋敷の付属地にありながら、明治に入って、中央政府の行政指導によって、遠隔の新墓地へ移転させられた事例などから、「屋敷の近くに埋葬地をもつことも、由来ある古い習俗」（高取前掲『神道の成立』一八二頁）だと述べている。ところで『日本後紀』延暦一六年（七九七）正月二五日の条には、山城国（京都府中・南部）愛宕《おたき》、葛野《かどの》郡の人が、死者あるごとに、家側に葬ること「積習常となす」状態だったという。ところが今、京師《けいし》に接近しているため凶穢は避けねばならないことから、その民俗を禁止したという内容が記されてある。この点に高取は注目し、古代律令政府も近代明治政府も、同様な態度で、死穢に対して臨んでいるとして、「平安初頭以来、死の忌みについて神経質であったのは中央政府の側であり、庶民のほうは死者を家のそばに埋葬してもべつだんなんとも思わないというのが本来の姿であったらしい」（同一八七頁）と強調している。庶民の日常次元で、高取が指摘したように死穢に対する忌避や嫌悪感があまり強烈ではなかったとすると、『延喜式』の前後から次第に強化されていった触穢に関する規則に適用された公・武家社会の民俗は、明らかに、国家次元での人為的操作に基づくものの結果であるといっても過言ではない。中牧弘允はこれを土着主義と包括し、それは「特定の伝統的要素を過度に強調するイデオロギー」としている。

(二)　腐敗と穢気不浄

一二〜一四世紀の頃の情況をよく示している『文保記《ぶんぽうき》』の中で、仮に人が死んで死穢が発生した場合、それがいつの時点に始まるのかを問題にしている箇所がある。それによると、まず葬送の日から三〇日間の穢が始まる。火葬した場合は、骨を拾い集め壺に納めた日を端緒としている。土葬と火葬の場合に分けて穢の開始を考えている点、すでに死穢の規定に対する混乱が生じていることは予想される。たとえば井戸の中に落ちて死んだ者がいるとする。その場合、穢が始まるのはいつかというと、行方不明になった時点からだと解釈している。「以㆑失、為㆓穢始㆒」（行方不明をもって穢の始りとする）とするのは、明らかに「以㆓見付㆒為㆓穢始㆒」（発見することをもって穢の始りとする）とは異なっている。つまり死体を発見して、腐敗の状態をみてから穢気の存在を感じるのではなくて、死体発見以前の行方不明の段階にまで、穢れの発生の源を遡らせていることになる。

ふつうの常識からみてたとえ腐敗したり、爛壊《らんえ》している状態であっても、その死体が人々によって発見されないかぎり、穢気が発生したとは確認されないだろう。しかし発見されればただちに「穢始」となるというのが一般的な見方である。しかし井戸に落ちて水死したとする場合、その死体が「以㆓失日㆒為㆓穢始㆒」（行方不明となった日を穢の始りとする）というように、日常空間から消滅した時点が基準となっていることになる。このような行方不明は特殊な事例のものかどうか、この点はにわかに判断し難い。そこで『拾芥抄《しゅうがいしょう》』にとり上げられた「人死穢事」には、「五体頗雖レ有二温気一。以二絶気一可レ為二死期一」（五体に温味が残っていても絶気であるなら死期とする）としている点は興味深い。これは保安二年（一一二一）正月二五日に、内裏で女が頓死した事例によっている。頓死した際、「温気」はあったけれどすでに「絶気」の状態であった。この「絶気」であることによって、「穢と為す」の処置がとられている。つまり、身体にまだ温味が残っていたにもかかわらずこれを「穢」としたのは、「絶気」ということが基準に置かれていたからである。すなわち行方不明ということは、「絶気」の認識につらなっているのである。

「絶気」というのは、気が中絶したことだから、生命体の維持が不可能となったこと、つまり「気」の消滅でもある。注意されるのは、「気」の消滅をもって「穢気」が生じたとする理解である。そして「穢気」の判断は、たとえば「神祇官陰陽寮等所二卜筮一。有二穢気一者」（神祇官、陰陽寮《おんみようりよう》が卜筮《ぼくぜい》したところ、穢気が有る者）（『扶桑略記』治暦四年〈一〇六八〉一二月一一日の条）というように、これが神事に関与する宮司によってなされていたことである。すなわち「穢気」の原因を求め、それに対して、触穢の禁忌を適応させる法制が国家レヴェルで施行されはじめた事実は確かであったのである。

神亀《じんき》六年（七二九）正月一〇日に次のような事件があった。太神宮への御饌《みけ》物をいつものように、豊受宮で調え、これを運ぼうとした。ところがその中途の道傍で、男の死骸が放置されており、それを烏や犬がついばんだりかじったりしたため、肉や骨が散乱している状態だった。御饌を運ぶ者がそんな所に出くわしたのである。しかし避ける道とてないまま供進《きょうしん》してしまった。ところが、同年二月一三日、天皇がにわかに病気となった。神祇官陰陽寮が卜占《ぼくせん》したところ、「巽方太神依㆓死穢不浄之咎㆒所㆓祟給㆒也」（巽《たつみ》の方向にある太神が死穢不浄を咎《とが》め祟《たた》り給うた）（『太神宮諸雑事記』）という結論だった。つまり、遺棄されていた死体の骨肉が腐乱状態となっているために、当然「穢気」は生じているわけであるが、そういう情況はこの場合「死穢不浄」と説明されているのである。「絶気」ということが「穢」の発生の根源であり、「絶気」の状態は肉体の腐敗を招くことになる。これには「死穢不浄」という表現がとられていて、それを不浄視したことになる。不浄である故に咎が生じており、さらに、神異の祟りすら生じているという解釈なのである。

したがって「絶気」して「穢」となっても、まだそこには「不浄」観は生じていないと見るべきだろう。死体が腐敗して醜悪な情況となって、はじめて「穢気不浄」と考えたのではなかろうか。『日本書紀』神代巻に保食神《うけもち》が、口中から吐き出したものによって食事を用意したことを見た月夜見尊《つくよみのみこと》が「忿然《いか》り作色《おもほてり》して曰《のたま》はく、穢《けがらわ》しきかな」と怒り、保食神を殺してしまう記事がある。この場合「口より吐《たぐ》れる物」を「穢」としたのは、口から吐き出されてくる物を、本能的にけがらわしいと見たからである。このことはおよそ人類に共通する感覚による。そして、保食神は怒った月夜見尊に殺されてしまうのである。しかしその行為に対し天照大神は、保食神を殺した月夜見尊を悪神であるとして追放してしまった。一方、保食神の死体からは、次々と稲をはじめとする作物が誕生したと書かれている。これは穀物起源神話の類型に入るものとして知られるが、ここでは保食神の死体は「穢」の対象とはされていない。殺された神の死体は腐敗して汚らしいという感覚で示されていないのである。吐瀉物や死骸を汚穢としていないのは、それがストレートに不浄観のみでとらえられない部分を残していたからではなかろうか。『古事記』のオオゲツヒメの記事も同様で、スサノオノミコトのために、鼻口尻などから「種種《くさぐさ》の味物《ためつもの》」をとり出し、これを差出すのを見て、スサノオは、「穢汚《けが》して奉進《たてまつ》ると為《おも》ひ」てオオゲツヒメを殺してしまうのである。

ところでよく知られているイザナギノミコトの黄泉訪問譚で、イザナギがイザナミの身体から膿がわき、蛆虫がたかっている様子をみて、「不須也《いな》凶目《しこめ》き汚穢《きたな》き国」(『紀』)に来たことを知って逃げ出す場面がある。これは明らかに死体の腐敗した情況を示し、不浄とみなした感覚に基づいている。イザナミの死後、時間が経過しており遺体はすっかり腐敗してしまっているから、当然「穢気不浄」となっているのである。このことは、アメノワカヒコの葬儀の『記』『紀』の描写からもわかる。八日八夜殯葬《もがりそう》が行われるが、その折弔いにやって来たアジスキタカヒコネノカミがアメノワカヒコの家族たちに生前のアメノワカヒコと間違えられたことを怒って言った言葉の中に、「穢き死人」（『記』）とか「汚穢《けがらわ》しきに憚らず」（『紀』）という表現があった。すでに八日八夜を経て、死体は、「穢気不浄」となっていたのであろう。

三 出産・出血とケガレの発生

『延喜式』でとり決めた触穢の種類は多様であるが、基本となっているのは死穢であり、これと並ぶのは産穢であった。産穢については、死穢ほど厳しくはないにしても、不浄感をもよおす原因が、血穢によることは明らかなのである。出産による多量の出血、月事の穢、胞衣《えな》の穢、そして妊者に対しても穢気を認め、忌みの対象となった。「妊者五月以後忌レ之」（妊者は五月目以後にはこれを忌む）（『禁秘御抄』中）というように、五ヶ月目から穢気を感じている。ただしこの間は神社に参詣せず、神事に関与しないという規制が主たるもので、二転も三転も伝染する穢気ではない。「女房月障、凡自レ始憚ニ七箇日一」（女房の月の障りは、およそはじめより七ヶ日間を忌む）（『禁秘御抄』中）というように経水・月事の障りは、七日間は憚るという表現で終始している。「穢気不浄」を直接うち出しているわけではないことに気づくのである。

「月水女忌事」を定めた『玉葉』の承安二年（一一七二）の記事によると、月経は七日が原則で、これが終われば沐浴して参内してもよいことを述べた後、もし七日以上続いた場合は、出血が止まった後、三ヶ日を過ぎてならば参内してよいと決めている。月経の出血そのものを血穢とみるけれど、それは自然の生理に即した形で忌みを設定しているのであり、直接不浄観を強調しているわけではない。

『古老口実伝』という記録によると、産の忌みというものは、「血留九十日以後」あるいは、「無㆓血気㆒者六十日以後」（血気が見られない者は六十日目以後）と記されている。つまり月水が止まって、妊娠とわかってから、または「血気」がなくなったと判断されてからはじまる忌みの期間が定まっていたことになる。「血留」とか「無㆓血気㆒」（血気が見られない）とした時点で「穢気」のケガレが発生したことは、何を意味しているのだろうか。

『文保記』では、流産についてこう規定している。「月水留後計㆑月者四ヶ月」（月水が止まった後に月を計って四月目）、そしてその情況は、「血気椎葉之細平様也」（血気が椎葉の表面のように細く薄くなっている）という。これは母胎が著しく貧血気味になっている様子であり、「血気」が薄くなっている状態を表現したものだろう。このことは、血荒《ちあれ》があって「血気」が弱まった出産状況に近いものといえる。血が体内から放出されることに対して、原初的な恐怖感を覚えるのは当然であるが、月水が止まり妊娠と認められると、そこでは出血はないにしても、生命力が弱体化することに対しての「穢れ」を意識したことになる。しかしくり返すように、この「穢気」は不浄ではなかった。産穢不浄とは大量の出血を見てはじめて成立するものといえるのである。

『続古事談』第四にのせられたエピソードは興味深い事実を示している。兵庫頭知定なる者、妻の妊娠に伴い産穢となり、二〇日以上経過した。産穢の及ぶ空間内に同居しているのだから、夫の方も穢気に汚染しているのである。ところが二〇日以上を経ているのでもういいかと思い、八幡社の神楽太夫をつとめた。その間祟りはなかったので、つい油断して臨時祭にも出たところ、今度は舞殿で鼻血が出る始末となった。すっかり恐ろしくなり帰宅したところ、知定の娘で一〇歳になった子が、にわかに神がかりしてこう言った。「我ハ八幡ノ御使也、汝ヲ誡メムトテ来ル也、イカデ産婦トイダキネテ、大菩薩ノ宝前ヘハマキルゾ、仍《よつて》御勘当アル也」、そして「蒜《にんにく》鹿サラニクフベカラズ、大菩薩ニクミ給物也」といった。さらになぜ神霊が一〇歳の女子にとり憑いたのかという説明に対して、大人は、「一ニハウタガヒアルベシ、一ニハケガラハシ」、それに対し幼女は「ウタガヒナク、ケガラハシカラズ」という答え方をしている。この話はまず、妻の出産はまだであるけれどすでに産穢に染まっていた男がいる。この男は、妊娠した女房を抱いて寝たことになっている。このため「穢気」を身体に帯びた状態なのである。この男は神事に加わる舞殿で鼻血を出したことを、「穢気不浄」による祟りと見た。その結果が幼女を通しての託宣となって表われている。神霊が幼童に憑依する現象はごく一般的なのであるが、ここでわざわざその理由づけに、大人は「ケガラハシ」つまり「穢気」があるといい、幼児は「ケガラハシカラズ」つまり「穢気」がないとしたのは、当然であるけれども、これは出血が子どもにはないということを表現している以外に、「血気」が衰弱していないので、ケガレてはいないのだという原初的な意味をも示しているのである。

三　祓え＝ハラエの構造

(一)　大祓と延命長寿

「穢気不浄」により発生した祟りに対抗して、二つの宗教的行為が生じている。一つは、「物忌」であり、他は「祓え」である。物忌は、「穢気」のケガレから一定の距離を保って、隔離されることが根本にあり、いわば消極的行為といえる。これに対し「祓え」は、穢気の原因を探り、これを直接除去しようとする積極的意図がある。

汚穢に対して「科二大祓一」することは、神事として制度化されていた。『三代実録』によると、貞観四年（八六二）六月一〇日建礼門で大祓が行われた。その原因は、宮内省で馬の死骸がみつかったためである。ところが、一一月二〇日に、天皇の御璽《みしるし》＝内印《ないいん》が、ねずみにかじられてしまうという事件が起こった。御璽は天皇の権威の象徴でもある。神祇官はただちに卜占をしたが、触穢の者が神事に加わったため祟りが生じて、内印がかじられたものと判断された。そこでただちに建礼門において、大祓がなされたとある。「攘二妖祥一」と表現されているから、大祓の呪《まじな》いが天下の災厄を防ぐことを目的としていたことは明らかである。『令義解』には、大祓について「謂祓者解二除不祥一也」（祓えとは不祥を解除すること）と規定している。「不祥」というのは「穢気不浄」による祟りの発現であった。祓えによって穢悪の状態を除くだけにとどまらず、吉祥を求める意味が付加されたのは、後世になってからであろう。とりわけ神事として「六月祓《みなづきばらえ》」に大祓が集約されてきた段階と思われる。

大祓は建礼門・朱雀門といった御所の外郭の門の脇で行われる場合が記録に見られる。これらの門は、内裏と外界との接点に位置していたためである。つまり境界領域と想定される空間で行われていたことになる。

六月祓は大部分が、川や海辺で実修された。祓えの方法が、水辺で水を身体に浴びせる禊ぎの形をとっているのである。みそぎの起源はイザナギノミコトによる祓えであり、これは橘の小戸《おど》の潮瀬で身体を洗い浄めたことにあるとされている。

「みそぎ河ながれてはやく過《すぐ》る日のけふみなつきは夜も更けにけり」（『続後拾遺和歌集』）の和歌は、みそぎ川を通って、穢れが流れ去ってしまう効用をうたっている。六月祓は、名越祓・夏越祓（なごしのはらえ）とも称した。ナゴシには、「邪神をはらひなごむる」という悪霊の除去を意味する場合と、夏と秋の交代の折り目にあたって行う夏越しの意味が示されている。季節の移行期にあたって、祓えを必要とする意識が存在していたのである。

六月と一二月の二回にわたって大祓があったが、一二月祓の方は、六月祓に準じていて、行事としても次第に消滅化の方向をたどった。六月に水辺に出て禊ぎをすることの方が、一二月の場合より意味があったと思われる。六月晦日の祓えは制度化されたが、中世以前には、晦日に限らず六月中ならばいつでもよかったといわれている。

六月祓は神事であったが、やがて民俗化した行事として民間に受け入れられていった。近世の江戸では、神社ごとに庶民が群参し、夏越し祓に参加している。『東都歳事記』などには、江戸市内のうち、橋場神明宮、佃嶋《つくだじま》住吉明神社、芝神明宮、神田明神社、新川大神宮、鳥越明神社、五条天神宮、飯田町世継稲荷社など代表的な例をあげている。いずれも川辺に近い神社である。筆頭にあげられた橋場神明宮では「社前の川辺に於て執行あり、諸人群集す、亥《い》の半刻に終る」とあって、川岸が祭場となっていたことが分かる。とりわけこの地は橋場＝ハシバであって、江戸の周縁部というイメージの強い地点に祀《まつ》られた神社であったから、境界における祓えが強調されたのである。「神事終りて、参詣の輩茅《ち》の輪《わ》を越さしむ、河辺に隔りたる所には、盥《たらい》に水をもりて身曾貴川に比するなり、此日庶人紙をもて衣類の形に切て撫《なで》ものとし川へ投ず」と記されている。その折の唱《とな》え文句に「みな月のなごしのはらへする人はちとせのいのちのぶといふなり」(『公事根源』)とあった。

祓えに伴う呪《まじ》ないの方法にはさまざまの工夫がこらされており、たんに水を浴びて身体を浄化する禊ぎだけでは終わらなくなっていて、延命長寿をもたらすことも期待されているのである。

(二) 祓えの呪ないと具

茅の輪については、『備後国風土記』逸文の説話を伴っている。蘇民将来・巨旦《こたん》将来のうち武塔神《むとうのしん》を丁重にもてなした蘇民将来とその家族だけが、茅の輪を腰の上につけていたところ命が救われたという話であり、後世疫病が起これば「蘇民将来の子孫」と記して、茅の輪を腰の上につけると、疫病にかからないという呪ないになっている。つまり六月の頃は炎暑が続き湿度も高くて疫病が流行する時節にあたっており、この折り目をのり越えれば安心であるという潜在意識があったのであろう。千年の命がのびるという表現は、延命長寿の呪法としてこれが定着していたことを示している。茅の輪は、菅貫《すがぬき》ともいったが、神社で行う輪は巨大であり、それを潜り抜けることを主旨としている。しかし本来は一人一人が腰につけるための輪であって、かつ家ごとに行うものであったのである。

祓えの具には、他に撫物《なでもの》があった。江戸後期の『倭訓栞《わくんのしおり》』に、「身を撫《なで》て祓ひ棄るの具」

とあるように、ケガレの部分を直接なでて、川へ流す呪具である。『源氏物語』五〇、東《あずま》屋《や》の巻に、「みそぎ河せゞにいださむなでものを身にそふかげとたれかたのまん」とあるように、一種の形代としての意味があった。本居宣長が、「祓物《はらえもの》ヲ出シテ之ヲシテ我身ニ代リテ罪穢ヲ掃除セシムル意カ」（『古事記伝』六之巻）と規定しているように、かつてスサノオノミコトが手足の爪を切り、それで罪を贖《あがな》ったことを起源としており、災厄を他に転移させる機能をもっていた。したがって、人形《ひとがた》を紙に切って、形代とした心意と同様といえる。

禊ぎ、そして茅の輪、撫物などを用いながら、ケガレを集中的に祓うのが、一年のうちの六月という折り目であることについて、『玉葉』建久二年（一一九一）六月二九日の条に興味深い指摘がある。「夏者火也、秋者金也、火能刻レ金、仍夏秋気節、相改之時、天気相乱、人気相反、人ハ成レ病、世ハ招レ災、因レ茲、金火相刻之時、故修ニ解謝之法ニ云云」（夏は火なり、秋は金なり、火はよく金を刻す、仍《よ》って夏と秋の気節が相改むる時、天気相乱れ、人気は相反す、人は病となり、世は災を招く、ここによって金火相刻の時、解謝の法を修す）というのである。これは陰陽五行説によっているが、夏の気と秋の気とが交替する折り目にあたって、天気と人気が大いに乱れ、災厄が生ずるという意識である。むしろ、六月という夏秋交替の時点に一年という時間を変革させる「気」が満ちているという理解が示されている。いわば日本の風土が、六月の変革という認識に適応され得るものをもっているといえるのである。一方で「六月に三度巳《み》の日があるとミロクの年となる」という口碑を支えている意識でもある。そして巳である蛇の脱皮新生が、潜在的には人間の脱皮新生と連なるという理解にも関わっていると思われる。「天気相乱、人気相反」というのは、陰と陽のバランスが崩れるという世界観を示しており、そのとき必然的に災厄が起こる。別の文脈からいえば、穢気不浄の祟りが不必要に生じてくる段階であり、このことへの対抗手段として祓えの方法が考案されたのであった。ところが祓えは、六月に集中した相乱・相反の原因である穢気不浄の解除《げじょ》だけにとどまらず、吉祥を求める呪法へと変化したことが注目される。それは前述のように、茅の輪をくぐりながら唱える、「ちとせのいのちのぶ」という文句にも表現されているだろう。六月祓によって、延命を求めるという願望がそこに示されているのである。

年に一度の六月祓に対して、毎月一度の七瀬祓があった。『源氏物語』一四、澪標《みおつくし》の巻に、「けふはなにはに舟さしとめて、はらへをだにせんとて、こぎわたりぬ」とあるのは、難波の祓えである。難波は七瀬の一として数えられていた。七瀬祓は三通りあって、一つは大七瀬とよばれていて、難波・農太・河俣・大島・橘小嶋・佐久那谷・辛崎《からさき》の七ヵ所が祓えの空間として指定された。次に河合・耳敏《みみと》川・松崎・石彫・東滝・西滝・大井川の七ヵ所が、霊所七瀬とよばれた。三つには、京の加茂川沿いに加茂川七瀬があった。それは川合・一条・土御門・近衛・中御門・大炊御門・二条末で、いずれも京都市内、御所などの川辺に集結していることが分かる。京都に於ける七瀬祓が、川辺にそって御所の近辺に定められているのにくらべ、大七瀬・霊所七瀬は、京を離れた遠隔地に設定されている。しかもそこは平安京の周縁部の地点とみてよいのである。京都以外では、中世、鎌倉を中心に七ヵ所、由比浜・金沢洗池・固瀬川・六連・柚河・杜戸・江島竜穴が定められていた。鎌倉七瀬は、貞応《じようおう》二年（一二二三）以後のことであり、いずれも都市空間としての鎌倉の周縁部に設けられていたことがわかる。このように特定された川辺・海辺で禊ぎを行っていたのであった。「五節前後の斎《とき》に皆祓をする也、何《いず》れのはらへも、河辺海辺にて禊をする本儀也、辛崎難波七瀬の随一也」（『河海抄』巻第九）というように、わざわざ水際へ行って、水で清める神道の伝統的呪法であった。しかし古代末から、そこに陰陽道の関与が強まってきており、一つの新しい傾向がでてきたのである。

『公事根源』には、七瀬祓の方法として、「陰陽師人形を奉る、主上御いきをかけ、御身をなでゝ返し給へば、殿上の侍臣この所々の川原にむかふ。かへりまゐれば、主上御撫物をめしまゐらせる。その外さしたる事なし」と記している、陰陽師の作った人形が、災厄除けの形代として重んじられ、天皇自身は川原で直接水を浴びる禊ぎをしていない。代理の者が川原へおもむいて、人形を流すのである。

祓えの法の一つとして、身体の一部をとって流すことにかえて、形代としての人形などさまざまの撫物を使うようになったのは、陰陽道の知識によるものだった。『源氏物語』一二、須磨の巻の一節に、六月祓にふれ、「陰陽師めして、はらへさせ給ふ。舟にことぐ〱しき人がたのせて、ながすを見給ふにもよそへられて」とあるように、陰陽師の祓えの具によって、海から川から災厄を流す呪法が、原初的な禊ぎにとって代わっていることが推察される。『河海抄』巻第九には「上古はからさきなにはまでも下向しけるが、近代は内野にて、陰陽寮まゐりまうけて勤二仕之一」と、すっかり祓えの方法が陰陽師に委託されており、本来の浄化を求める水辺の禊ぎが薄められていることがわかる。陰陽師の呪術的な祓えが中枢を占めることは「後代以二御撫物一遣二於陰陽師家一祓レ之」(後代は撫物をもって陰陽師の家に遣わしてこれを祓う)というような家祈禱の形をとっていき、家の内部で祓えが実修されることにもなっていたのである。

御所内でのやり方は、台盤《だいばん》(食器類をのせる脚付きの台)の上に薦《むしろ》を敷き、その上に陰陽師が持参した人形の櫃《ひつ》を置く。女房が人形に着物を着せ、櫃の中に入れ、紙のひねりで結んだ。女房はこの人形をもって天皇の身体を撫でた後、それを布に包んで台盤所の西向きから出て終わる、という呪法でケガレを祓うのである。水を用いる七瀬祓の本来の意味が弱まったことは、陰陽道との習合による結果であったが、逆に穢気解除の呪法はいっそう凝るようになっていた。さて七瀬祓は毎月の祓えであるが、さらに「毎日御祓」も行われるようになっている。祓えが複雑多様化することは、一方では穢悪の内容の拡大化を伴うことになったのである。

たとえば六月祓について、『玉葉』元暦二年（一一八五）の記事では、「天下触穢時六月祓不レ憚レ之」（天下触穢の時、六月祓はこれを憚らない）としている。天下に穢気が充満して、禁中が穢気に汚染されていても、神祇官が御贖物《あがもの》を陣外で供えているなら差支えないと判断している。忌避すべき神事であっても、それが触穢を祓うべき性格の儀礼なのだから、はばかる対象にはならないと考えている。ところが『吾妻鏡』貞応三年（一二二四）六月二九日の記事をみると、「今日無二六月祓一。依二触穢一也。天下諒闇之時不レ被レ行之由」（今日六月祓なし、触穢に依る、天下諒闇《りようあん》の時は行われない由）というように、六月祓は全面中止となった例である。宝治元年（一二四七）にも、「依二去五日戦触穢一」（去る五日の戦の触穢に依る）のため六月祓は行われなかった（『吾妻鏡』）。戦争で殺人が起これば、当然天下に穢気が溢れることになる。天下触穢の状態であるから、神事は禁止された。しかし六月祓は本来そうした触穢の解除を目的とした儀礼である。これが触穢の対象となるのは、制度化した神事として定立された結果であった。それが宮廷行事として細かな規定に基づき運営され、陰陽師たちが主役となっていくと、本来生活文化的な要素である禊ぎによる穢気の解除というよりも、吉祥を祈願する呪《まじ》ないとしての意味が表出することになったのである。

　穢気がある間、六月祓が大中臣《おおなかとみ》祓と同様にはばかりの対象となるか否か、疑問をもたれはじめたのは、一一世紀末ごろからである。この段階では、六月祓は夏に悪神がこの世を乱すのを鎮めるために行う性格のものと考えられていたから、死穢があっても軽服忌《ぶっき》なら「不ㇾ憚ㇾ之」（これを憚らず）としていた。「重服人可ㇾ憚ㇾ之」（重服の人はこれを憚るべし）というのである。

『玉葉』元暦二年の記事によると、女房たちの月経があった場合、はりめぐらした注連縄《しめなわ》を解き、大麻を撫でると、月の障りは消滅する。茅の輪は、「有二月障一之人不ㇾ及ㇾ之、以二衣裳一代ㇾ之」（月の障りのある人はこれに及ばず、衣裳でこれに代える）としている。つまり、茅の輪はくぐらず、着物だけを別の人にもたせてくぐらせると、その着物が穢気をとり、災厄を失わせ、吉祥となる、という解釈である。こうした形代や撫物を便法としてやたらに使うようになったのは、明らかに陰陽師たちの知識によるものであった。

　いずれにせよ、中世京都の知識人たちの生活意識の中では、穢れと祓えの相互関係が大きく変質してきたことがわかる。神道的な禊ぎをうまく用いつつ、形代や撫物の祓えの具を合理的に組み合わせた方法を陰陽師たちが導入し、これが神道の中枢に置かれることになっていた。

そして禊ぎで祓うことにより、穢気を除く方法は、中世以来の修験や聖たちによって、地域の民俗として伝えられたと思われる。五月末から六月にかけて、大都市中心に行われる水垢離《みずごり》の様子は、禊ぎ本来の民俗性をよく伝えたものだろう。たとえば江戸の大川で行われた六月二六日の「石尊垢離取《せきそんごりとり》」とか、五月二五日より六月二日までの間、「富士行者の山伏、毎日河辺に出て富士垢離を修して、富士権現を遥拝す。(中略)男女疾病平癒《なんによしっぺい》を祈り、或は福をもとめ、諸の所願ある輩、此行人を憑《たのみ》て祈願すれば、行人、紙符を願主に授く」(『諸国年中行事大成』)といった富士垢離などの有様からそれは想像されるのである。ここでは、浄化をすることにより幸運を求めるという現世利益の色濃い儀礼となっているが、ケガレを祓うことが、ハレの行事となっていく都市民俗の方向をよみとることができる。

四　ケガレ・祓え・ハレ

(一)　災厄除去と招運の祓え

穢れを祓うという基本的意味は、穢気を去らせた状態つまり浄にするということであったが、さらにその解釈は多様化した。たとえば穢を悪とみなし、悪を除去することによって善に戻すこと、また穢を災厄ととらえ、災厄を除去することによって、幸運を招くものと理解するに至っている。この場合、祓えに災厄除去だけでなく、幸運をもたらす力を付与していることは、明らかにそこに二次的な解釈が加わったためであり、これが古代末期から都市を中心に需要の対象となった陰陽道の知識であった。前述したごとく、七瀬祓を筆頭に多様な祓えのテクニックが、陰陽師たちによって普及されたのである。

祓えが穢れを除去する力は強いものである、加えてその祓えにより、幸いをもたらすことになれば、その力はいっそう倍加されねばならない。ここに祓えの力の醸成する空間がハレと表現されることになった。

さて民俗文化を解釈するための基礎概念の一つとしてケガレが提示されている。ケの日常が、それを維持する力の衰退によって、死滅を免れない状況となる。それをケ枯レと説明する段階において、ケに回復させる手段が講じられる。桜井徳太郎は、エネルギーを復活して再びケの生活が維持できるようにはかる際の「エネルギー源の活性化を期待する自然の希求が、行事を求めマツリを産み出した」(桜井徳太郎「民俗宗教における聖と俗(下)」『宗教学論集』第一〇輯、一九八〇年、三八頁。のちに『日本民族宗教論』春秋社、一九八二年に収録)と説明している。薗田稔も、桜井説に同調してケ枯レからケに立ち戻るために、ハレ軸なる異次元の非凡な存在秩序を介して、すなわち祭りによって経験的にそれを確かめたと解釈している。薗田は、「一元的な時の流れをとめて衰えたケを再び充実したケに再生するために、凡俗の次元を脱した異次元の存在秩序を構成しなければならない。空間的に表現すれば、ケからケガレへの一本道を回り道して再びケに戻るのである。その回り道こそ祭の脱俗たるハレの現実構成であり、日常的生命の不可逆を可逆たらしめる異常な救済の構造」(薗田稔「残響の彼方」『講座宗教学』第四巻、東京大学出版会、一九七七年、九〇頁)だとしている。ここで両者の共通理解は、ケとハレが二項対立する概念ではなく、両者は基本的には次元を異にする存在秩序である、両者の交錯によって、ケはハレに、ハレはケに相互転換することが可能であるという視点であり、民俗現象である行事や祭りは、薗田のいう「ハレなる祭の脱俗構造を実際に構成する表象形式」(同九一頁)に対応している。そしてケガレが「穢レ」と表現されるにしても、これが「祭式の重要契機」となっていることについての異論はないようである。

(二) ケのとらえ方

ただこの場合、ケガレのケ枯レと「穢レ」は語源的には異なるのであり、同形異義語と判断して両者を切断してしまえばそれまでであろう。しかしこの両者の「ケガレ」を多義言語と認め、「ケ枯レ」「ケ涸レ」「ケ離レ」などと活用することと「穢レ」「汚レ」という表記のもとで活用することとが、文化の内在面にどのように関連づけられるかということも検討に値するだろう。桜井は、ケを農耕文化の表象ととらえており、「ケツケ」という民俗語彙に注目している。「ケツケ」は、作毛《さくげ》の「毛付け」のことであるから、この場合ケは、米飯の「ケシネ」のケと同じく、作物や食物と関係する。別言すると、「ケ」は稲作農民の日常を表わし、ケの生活を成り立たせる根源的エネルギーを含む。「稲が実って、やがて食糧になって食膳に供せられる。あるいはモノ日や祭りのときに直会《なおらい》の料となるモチとなる。人びとは、それらを口にすることによって生命力を得、ケの再生ができる。そのエネルギーの根源となるものがケであり、田植はまさしくケツケである。したがってケは稲苗であり稲自身であり、実った米であり、ご飯でもあったわけである」（桜井、前掲論文、四〇頁）という。注目されるのは、このケが枯れるという状態を典型的に表現する民俗語彙を「ケカツ」「ケカチ」といっていることである。具体的にそれは、飢饉を表わしているのであり、農耕社会の危機状況でもある。そしてこれが「ケツケ」の反対語に相当するだろうと考えられている。

歳時の中のとりわけ農耕儀礼に関するものは、右の桜井の主張から説明される部分が多い。雨乞いや虫送りなどは、明らかに「ケカチ」を防禦するための呪術であり、「ケツケ」の意味をもっていることになるのである。そしてこれら諸儀礼は、一般にハレと称される時空間を形成していることになる。

こうしたケ↓ケガレ↓ハレといった民俗における三極循環構造の把握の仕方について、坪井洋文による批判がある。坪井は、ハレとケは異質の文化に属するもので、連続的に循環すべき性格ではないと主張している。坪井は、米を力の根源とする古い信仰を中心としたハレ文化の存在は稲作民的農耕文化と同義であり、これに対して非稲作である畑作民的農耕文化をケ文化と位置づけ類型対比論を打ち出している。「ハレは水田稲作に関する生活、ケは稲作以外の生産に関する生活と規定することができ、別概念として把らえていた」（坪井洋文「民俗研究の現状と課題」『国立歴史民俗博物館研究報告』第一集、一九八一年、三一八頁。のちに『稲を選んだ日本人——民俗的思考の世界』、未来社、一九八二年に収録）という。そしてハレの次元の生活がケ化したことによって、新たな文化が生じたことにより、ハレとケの連続性という理解になったと解く。この場合、「ハレは宮廷において形成された文化であり、ケ文化とは民間において形成された文化」（同三一九頁）という対比が基調となっており、ハレの宮廷文化が民間のケ文化に組み込まれていく文化史的背景を前提としている。つまりそれは、米を常食化、日常化したことにより生じた日本の国民文化の出現ということになる。この国民文化と民俗文化との相互関係について、まだ十分に議論すべき余地が残っているが、ハレとケのイレカエが自由自在になっている民俗事象の基底に、ハレとケが本来原理的に異質なものとした坪井の推論は注目される。

本稿の課題からいえば、稲作・畑作を含めたケがケガレとなる状態と、一般にいう穢れの状態との意味連関に問題がある。そこで前述したごとく「穢れ」は「穢気」の発生によって認識されたのち、不浄観として成立した。そして「穢れ」は農耕儀礼よりも、民俗文化の中の通過儀礼とよばれる儀礼体系の中により多く発現していることも明らかであった。その根源が、はたして農耕文化の意味する「毛枯レ」と通底するものなのかどうかはまだ判然としていない。

ところで「産気づく」という語があり、これは新しい生命体の出現を表現している。ちようど、「ケツケ」として、これを田植えと同義語にした心意と類似している。「産気」のケを、生命力の増進や衰退と関わるケとしてとらえ、日本の通過儀礼を再構成することを試みたことがある（宮田登『神の民俗誌』、岩波新書、一九七九年）。ここで説明されるケガレは、原理的には、「気」＝生命力の衰退・消滅を示すものであり、現象的には、汚穢・不浄観を惹き起こすものといえるが、くり返すようにこの不浄観はあくまで二義的に理解されるべき性格のものであった。そして何よりも注目されるのは、ケガレ即不浄観を強力に打ち出したのは、宮廷文化を中心とする神事の世界であり、「穢気」の発生と不浄の排除のための技術としてミソギ・ハラエを定立させたといえるだろう。これは古代末期から中世にかけての支配者層からの作為であった。ここにイデオロギーとしての神道が成立したものと思われる。このケガレ＝穢気を除去すると同時に幸運をもたらすという思考がさらに加わったことが、民俗文化に大きな影響をもたらしたといえるのではなかろうか。具体的に、陰陽道の介入によって神道の作法に「穢れ」の除去の方法を精細にさせ、さらに加えて招運の思想を付加させた現象である。それはミソギ・ハラエの中で、「祓え」の手段を複雑化させる結果をもたらしているのである。それが中世という時代に集中的に発現したことは注目される。そうなると単純に「気」が枯れると理解した語は、さらに多義化していくわけである。それは「穢レ」＝不浄の枠組に多く傾いていき、ハラエの体系を、結局ハレに一致させる方向をとったといえるのではなかろうか。「祓え」を形成する力が肥大化すればするほど、ハレ文化は拡大していき、国家次元の中心的儀礼に位置していくことになったのである。

五　呪ない儀礼とケガレ

(一)　呪《のろ》うと呪《まじ》なう

人間が生活を営んでいく上で、神や精霊その他の超自然的存在あるいは霊的な存在のもつ呪的な力を借りて、さまざまな現象を起こそうとする行為を、一般に呪術と称する。これはあくまでも、人間が超自然的な存在に対してある種の働きかけをした結果生じた行為とみなされている。どのような目的でどのような働きかけをしたのか、民俗文化の上では、きわめて多様な現象が示されており、この問題は従来から深い関心が寄せられてきた。

日本民俗学では、この領域を禁呪兆占《きんじゅちょうせん》と分類して、多くの民俗資料を収集している。呪術を解釈する場合、この行為はいわゆる霊的な力あるいは神秘的な力と関わっていることを前提にして、その呪力があってはじめて人々の恐怖や不安が除去できる点に意義を求めようとする考えが支配的だった。

したがって呪術は、民俗文化の中で、日本人の世界観の基盤をなす重要な要素の一つとみなされる。いかに科学が進歩し、合理的思考が発達しようとも、呪術が消滅することがあり得ないことはすでに認められており、むしろ現実の社会に深く関わりつつ伝承され、かつ機能している点が重視されるべきなのである。

柳田国男は、呪術を心意伝承として評価し、俗信研究の重要性を指摘してきた。呪術は、俗信の範疇において、マジナイ（呪《まじ》ない）と表現されている。呪ないの原理についての内在的理解については、すでにフレーザーによる類感呪術（homepathic magic）・感染呪術（contagious magic）についての説明があり、定説化している。たとえば日本の雨乞いの事例をみると、まず水神の加護を祈って、聖なる池泉の水をふりまくことが第一段階にある。次に山上の霊池の近くで雨乞いのための踊りをするが、多くの場合、太鼓を打ちならし、激しく騒音をたてる。これが第二段階であり、最終的には火を焚くのであるが、これは火によって黒煙を作り出し雨雲を現出させるテクニックである。これら三つのタイプは、大なり小なり降雨とか雷鳴の状態を模倣しているのであって、いわば類似の原理にもとづいている。こうした呪ないの方式を、類感呪術、または模倣呪術（imitative magic）と類型化している。次に近年もよく行われているわら人形に釘を打ちこんで人を呪《のろ》うやり方がある。相手の所持品とくに髪の毛とか爪、または名前を紙に記し、それをわら人形の中に入れて釘を打つと効果的だという。これは一度接触していたものは、離れていても、かならず元のものに対し強い作用を与えるという説明で、感染呪術としている。
類感と感染という原理的な分類のほかに、白い呪術と黒い呪術という分類法も成り立つ。前者は、人間の働きかけにより、社会にプラスになる呪術といわれる。雨乞いや虫送り、疫神送りなどがそれに該当する。後者は、もっぱら人に呪いをかけて災厄をもたらすために行われるものである。

注目されるのは、こうした呪ないを神仏に対する祈願の手段とする考え方である。柳田民俗学がこの呪ないにすこぶる高い価値を置いたことは明らかであった。そして呪ないの多様な相は、潜在的心意によるものと理解されてきた。その場合、個々の人間が個人的な心願にもとづき超自然的存在に対して呪ないをする。たとえば子授けを求めて神仏に参拝して、絵馬を奉納したり、あるいは社殿に一定期間参籠したりする。寒中の水行や千垢《せんご》離《り》・万垢離など禊祓《みそぎはらい》を実修するといった事例は枚挙にいとまがない。一方祈願の主体が個人ではなく、集団で行う場合があり、これを共同祈願と一括している。雨乞いなどはその典型的事例であるが、ムラ全体の共通利害と深く関わっている災厄を除去する手段であった。祈願の中には、個人的心願にもとづきながら、大勢の人々の参加によって呪力を増加させようとする方法もある。とくに病気治しの呪ないに際しては、一人の重病人のために、ムラ全体が共同してあたり、水垢離をとるといった類のものである。とくに地縁組織の組や、同信者集団の講がその単位になる場合が多い。これを個人祈願・共同祈願とは別にして合力《ごうりき》祈願とする考えもある(井之口章次「祈願と呪術」五来重他編『講座・日本の民俗宗教』第四巻、弘文堂、一九七九年)。

個人祈願の内容が、呪《のろ》うという意味にもとられたことも知られている。呪うは呪詛であり、個人的に恨みをいだく相手に対して、怨念が通ずるよう特定の神仏に加護を求めるものである。個人祈願の呪《まじ》ないは、決して第三者に知られてはならないとされ、あくまで個人心願の次元でなされ、合力とか共同でするといった連帯感は切断されている。

祈願に関する多くの民俗資料を通して、われわれは、日本の呪ないのテクニックについて知ることができるが、さらには、日本人の災厄や幸運、病気とか現世利益に関する考え方をそこから推察することが可能である。とりわけ自然環境と日常生活との対応、それは緊張・対立関係から融合・馴化する過程として表出しているものといえる。そうしたことを考慮しながら、以下若干の事例を通して考察していきたい。

(二) 弘法大師の呪ない

福島県大沼郡会津高田町に伝わる手長足長伝説によると、昔、会津に、磐梯山と明神ヶ岳に両足をふまえて立つ「足長」と、猪苗代湖の水をすくって会津にばらまくことのできたという「手長」の夫婦が住んでいた。この妖怪は、農民が一生懸命働いて作った稲や野菜をめちゃくちゃにするために、雲を集め、会津全体を暗黒の世界にしてしまった。足長・手長は天地にとどろく声、稲妻を出す目を持っているので、誰も退治することはできない。農民たちは手長・足長によってもたらされた災厄に脅え、生きた心地もなく、ただ死を待つばかりであった。するとそこへぼろぼろの着物を着た旅僧がやってきて、村人の難儀を救うために磐梯山頂に登っていった。山頂で旅僧は、足長・手長に対して巧妙な問答によってわなを仕かけ、小さい壺の中に、まんまと二人を誘い込んでしまった。僧は足長・手長を壺の中に押しこむと法衣で栓をし、それを磐梯山の頂上に埋め、その上に大石をのせ呪文《じゅもん》を唱えて下山した。それ以後会津は明るい豊かな里となったという。村人たちは、旅僧の徳を讃える一方で埋められた足長・手長の供養をしてこれを神に祀ったという。今でも雪が降り出すころになると、山頂に行き稲穂を供えてくるといわれている（野村純一編『日本伝説大系』第三巻、みずうみ書房、一九八一年）。

この話は、会津盆地の開発に伴う伝説である。手長・足長はまだ会津が蘆のはえた谷地《やち》の状態であったころの土地神であり、天変地異を起こし、自然環境を支配する存在であった。そこで土地を開発しはじめた農民たちとの間の対立は厳しいものがあり、農民は呪術師である旅僧に呪ないを依頼したわけである。この僧については、多くの類話は弘法大師としている。弘法大師は、悪魔調伏の秘法を駆使し、邪悪な存在とみなされた土地神を自由自在に統御できるよう石箱または小壺に密閉してしまった。ところがこの悪魔は、手長・足長という奇怪な怪物のように描写されていながら、調伏された後は、代々磐梯山の神として祀られるのである。つまり弘法大師の呪法の対象としては悪しき存在と位置づけられながら、伝統的な土地神としての性格は消滅せず、次の段階では会津盆地の守護神として再現してきたことになる。したがってこの呪ないは、災厄をもたらす原因を除去する目的をもつ一方、邪悪なものを転じて幸運をもたらす存在にする働きをもっていたことになろう。それはむしろ地域住民の欲求に応えるような呪ないとして機能したことになる。

本来自然そのものは土地の守護霊として人間に対していたはずである。しかし自然の災厄により人間が脅威に曝されるという現象が生じた。これは自然に対する人間側の侵食が激化するにつれてしばしば生ずるようになった。そこで人間たちは超自然的存在によって自然を統御できるような文化を創出した。それが具体的には呪ないとして発現したことになる。呪ないには、弘法大師に象徴されるような宗教家の介在がある。弘法大師の呪ないの技術はまた自然の解読法ともいえるものであろう。弘法大師である旅僧は、自然を統御して、自然災害を鎮め自然環境を整備することによって、自然の中に内包されていた邪悪なものを除去したことになる。その結果自然は本来の幸運や恵みを与える姿となり、再びカミとして祀られるという構図をもっているのである。

(三) 雨乞いと供犠

新潟県佐渡島の伝説の中に「おとわ池」がある。昔、金北山麓に寺があり、寺の下女におとわという美女がいた。ある時、金北山へ蕗《ふき》をとりに登り、山頂近くの池で、月経で汚れてしまった腰巻を洗濯した。すると池の水面から、池の主である竜神が若者に変身して出現し、自分の嫁になれという。おとわは驚いて寺の住職と相談するからと、三日間の猶予をもらった。池の主は、三日後かならず迎えに来るといって姿を消した。おとわは帰ると住職に相談した。僧は竜神から彼女を守ることを約束し、護摩壇を築いて、経文を一心不乱に誦《ず》しはじめた。やがて三日目に白馬にのった若者が寺へ来て、おとわを連れ去ろうとしたが、住職が祈禱しているので、それに妨げられて寺中に入ることはできない。若者はその正体を現わし、大蛇となって寺を十重二十重にとり巻き、大風を起こし、雨を降らせはじめた。おとわはその有様を見て、とても竜神にはかなわないと住職に告げ、自ら寺の外へ出て、竜神の馬に乗ると、たちまち大嵐は静まり、いい日和《ひより》となった。おとわは竜神とともに池の中に姿を消したので、以後「おとわ池」とよばれるようになったという(野村編、前掲『日本伝説大系』第三巻)。

この話は類話が多く、雨乞いの霊池に伴っている。佐渡では、寺が具体的に長福寺になっており、長福寺の和尚が日照りになると、この池で雨乞いの祈禱をした故事についての説明伝説といえる。この場合寺の下女またはたまたま泊り合わせた旅の女の存在が注意される。この女は、池で月経で汚れた腰巻を洗ってしまったわけだから、池の主を侮辱したことになるが、池の主が怒って暴れるのではなく、女を妻にしたいという。ここには異類婚姻譚のモチーフがある。人間社会の方では竜神の要求をいったん拒否して呪術により防禦の姿勢をとろうとするが、大自然を司る力に抗しかね、女がさし出されることになる。それは村の大旱魃に際して、村人たちが雨乞いを竜神に祈願するとき、生贄を必要としたという伝説と軌を一にするのである。寺僧の験力《げんりき》によって雨を降らせるという説明も雨乞いにはよくあるが、これは仏教の強い影響によるわけで、もともとは寺僧の呪力を超える力が自然の中にあり、人間の方はそれに対抗するために犠牲を必要とするという民俗が形成されているのである。

供犠については、諸説がある。一つの目的は超自然的存在に対する贈物なのであり、とりわけ天変地異による災厄や、疫病などをもたらすと思われた存在に対する重要な働きかけなのである。供犠を伴った呪術は、原始・古代においては、部族社会の維持のために不可欠の儀礼であり、それは災厄を予防するシステムとして、社会制度化していた。前出の二つの伝説をみると、会津の事例は、自然を制御することを目的とした儀礼の起源を語る内容である。一方佐渡の伝説は、自然への順応の仕方を、異類との婚姻を軸にした人身供犠を語ることによって記憶にとどめようとしたことが明らかであった。

日本の呪ないの歴史の中で、『日本書紀』巻第二四、皇極天皇元年（六四二）七月の条の記事は興味深い。この年六月大旱《たいかん》となった。天皇は祝部《はふりべ》の指示にしたがい、牛馬を殺し、諸社のカミたちを祀った。また市を移したり、河伯《かわのかみ》に祈禱したが、降雨はなかった。そこで蘇我大臣《おおおみ》は寺院で大般若経を転読して、ひたすら悔過《けか》し、仏の教えに服して雨乞いをしようと、仏菩薩像と四天王像の前で衆僧に大雲経等を誦させたので、微雨《こさめ》が降った。これに対して天皇は、南淵《みなぶち》の河上に行幸し、跪いて四方を拝し、天を仰ぎて祈願した（同八月条）。天皇はひたすら天神を礼拝したのであり、その結果大雨が降ったことになる。

(四) 天神＝雷神の祭祀

『日本霊異記』にある雷神をとらえた小子部栖軽《ちいさこべのすがる》の話（上巻第一）は、天神である雷神を天皇の命令でとらえた栖軽が、天神を自由自在に駆使する巫覡《ふげき》の存在であったことを予測させている。そして天神の存在も、地上の天皇の祭祀をうけることによって、統御されている状況がわかる。天神が落雷の現象により、地上に降臨すると考えられていたのであるが、天にあって、神鳴《かみな》りとともに雨を降らせることは、農耕社会に限りない恩恵を与える霊験をもっているのだから、これを管理する天皇の司祭者としての地位は重い。そこで天皇が奉幣して祀りこめる以前に、雷神を守護霊として操ることのできる存在が必要であったのであり、それが小子部栖軽であった。

『日本霊異記』上巻第三に出てくる雷神もまた、尾張国の一農夫が金の杖を捧げて立っているその前に堕ちたのであるが、ちょうどそれは、農夫が「田を作り水を引く時」であった。つまり水田稲作民の耕作過程で、雷は水神として出現したのである。この雷神を操った農夫は、後に道場法師とよばれる大力の子を、雷神によって与えられている。道場法師とその血筋を引く孫娘の話が『日本霊異記』にはいくつかのせられているが、その怪力は、田に水を引くときに使われることが強調されていた。水田に不可欠の水をどのように確保するのかという、当時の民衆意識がそこに反映しているのである。道場法師の家筋は、そうした非日常的な大力を保持するのであり、これは天皇家のもつ力とは別個に説かれている点、興味深い。たとえば道場法師は、天皇家の一族の力王《りきおう》と対決して、これを打破ったことにより名声を得ているのであり、いわば在野の巫覡の徒としての地位をになっているのである。

降雨や止雨といった天神の機能を駆使する呪者は、民間の祝部や巫覡の徒に加えて、仏教の験者たちであるが、天神の司祭者の家筋としての天皇家の存在がひときわ強かったのである。天皇の祭祀が、国家次元の中枢を占める時、天神祭祀がいち早く制度化していったのはそのためである。『延喜式』祈雨神祭八十五座の祈雨の神事が、つねに国家の保障のもとに執行されていたことからもそれは明らかであろう。

『続日本紀』延暦七年（七八八）四月の記事にも、桓武天皇が、冬から降雨がないため、「灌漑已竭、公私断レ望」（灌漑がすでに乾ききって、希望がなくなる）という危機状況になったので、「早朝天皇沐浴、出レ庭親祈焉、有レ頃闇雲合、雨降滂沱」（早朝天皇は身体を浄め庭に出てみずから祈った。やがて天に黒雲が湧き、雨が降りだした）とあって、天皇の祈雨が見事に成功したと述べている。

九世紀に入ってからは、天皇による直接の祈雨の記事は急速に減っている。たとえば、『日本後紀』弘仁五年（八一四）七月の記事のように、「禍福所レ興、必由二国吏一」（幸運や災厄は、かならず国吏による）というように、吉凶災厄は、各国の国司を中心とした官吏たちの責任だと表現するのである。そして「自今以後、若有レ旱者、官長潔斎、自禱二喜澍一、務致二粛敬一、不レ得二狎汗一」（今後もし干害があれば、官長は潔斎し、自ら幸運を祈り、真面目に務め、不真面目であってはならない）としている。すなわち国司が中心となって、日照りのときは汚穢を近づけず精進潔斎して、雨乞いをすることを恒例としているのである。祈雨・雨乞いを制度的に秩序づけてきていることがわかる。

『新儀式』には、もし四月以後八月以前に降雨なき時は「有㆓請雨之事㆒」として、「令㆔神祇官卜㆓其祟㆒」(神祇官に祟りの原因を卜《うらな》わせる)としている。すなわち官の立場からいえば、大旱の因は祟りにあるとし、その原因究明がなされている。この段階では祈雨を漠然と行うだけではなく、一方でそれを祟りとしてとらえその原因を卜占《ぼくせん》によって知ろうとするのである。『本朝世紀』によると、天慶二年(九三九)七月に旱魃が甚だしくなり「仏神祈禱似㆑无㆓感応㆒」(仏神に祈禱するが効果がない)という状態だった。そこで、祈雨法が行われ、同時に卜占もなされた。卜占の結果では、「南方幷未申方神社」にのみ奉幣するのがよく、また「依㆓汚穢気㆒所㆑致也」(穢気によって生じた)として、穢気の発生に対して注意を促している。そしてさらに「仏道祈禱可㆑无㆓感応㆒、神社誓願可㆑有㆑応云々」(仏教祈禱の効果はなく、神社に誓願すると効果があるべし)といって、仏教の関与をひたすら避けようとしている。結局祈雨は「除㆓先日奉幣諸社㆒之外十一社、明日可㆓奉幣㆒之由被㆑定了」(先日奉幣した諸社を除いた十一社に明日奉幣すべきことを定めた)ということになった。

神祇官による卜占が、意識的に仏教忌避を志向していることは、当然予想されることであった。ただ祟りの原因の一つに「穢気」の所在を数えている点は、旱魃という農耕社会の災厄を、「穢気不浄之祟」と同質のものとみている宗教意識といえよう。このようにして、穢気を除去する方法としての雨乞いは、きわめて多彩をきわめており、やがて「祓え」として民俗社会に伝承されてきたのである。

(五) 民間巫者と陰陽道

雨乞いの場合、畿内諸国では、都の神泉苑の祈雨が最も効果があるとされていた。神泉苑においては、天皇の側近の役職である蔵人による祓えの呪法のほかに、陰陽師の五竜祭、神祇官の祈禱、七大寺の請雨経供法、金剛般若転読等々が実修され、それぞれに特色があった。

神泉苑の水を洗い浄めたり、蔵人が舞をまったりする呪《まじ》ないは、後世雨乞い儀礼に位置づけられる民俗であるが、その中で雨乞いの呪歌などが呪者たちによって伝承されている。たとえば和泉式部が、神泉苑で詠んだというのが、「コトワリヤ　日ノ本ナレバテリモシツ　アメガ下トハ人モイハズヤ」という呪歌であり、一般にこれを唱えれば降雨があるといわれる(『月刈藻集』)。また『古今著聞集』には、能因入道が、旱魃にあったとき、「神は和歌にめでさせ給ふもの也。心みによみて、三島に奉るべき由を、国司志《し》きりにすすめければ、あまの川苗代水にせきくだせ天くだります神ならば神とよめるをみてぐらにかきて、社司して申上たりければ、炎旱の天、俄《にわか》にくもりわたりて、大なる雨ふりて、かれたる稲葉おしなべて緑にかへりにけり」という故事がある。和泉式部や能因法師などは、いわば漂泊の宗教家に属する存在である。かれらの呪ないの文句は、天神へのよびかけに発するものである。江戸時代には、小野小町の雨乞い祈禱も伝説化していた。民間巫者の系譜にも、雨乞いの呪法は色濃く伝えられていたのである。

このように天神を祀り、止雨や祈雨を求める呪法は、天皇をはじめとして、さまざまな呪者によって行われたものであるが、原初的には、天神＝雷神＝水神を地上に降臨させる技法であったといえるのである。

古代の雨乞いの呪ないに際しては、神と仏の対立があり、これは天皇と蘇我氏の対抗を背景に顕在化している。天皇が雨乞いのために最初に行った呪ないは、牛馬を殺して神に捧げたことで、牛馬を供犠とした習俗が予想される。しかし『続日本紀』延暦一〇年（七九一）九月には、「伊勢、尾張、近江、美濃、若狭、越前、紀伊等の国の百姓、牛を殺し用《もっ》て漢神《からかみ》を祭るを断《さだ》める」の記事があって、牛の殺害は、漢神の祭祀のためだとされている。

『日本霊異記』中巻第五、「漢神の祟りにより牛を殺して祭り、又放生の善を修して、現に善悪の報いを得る縁」にも同様の状況がうかがえる。摂津国（大阪府北部）東生撫凹《ひがしなりなでくぼ》村に、一人の長者が住んでいた。この長者は漢神の祟りをのがれようと、七年のあいだ毎年牛を一頭ずつ殺し、合計七頭を殺したという。ところが七年経過した後、祭祀を止めると、重病にかかってしまった。占者に祓い祈禱を依頼したところ、重病の原因は、殺牛の業によることが分かった。そこで「月毎に闕《か》かさ不《ず》、六節に斎戒を受け、放生の業を修し、他の含生《がんしょう》の類を殺すを見れば、論ぜ不《ず》して贖《あがな》ひ、又八方に遣《つかわ》し、生物を訪《と》ひ買ひて放つ」という精進潔斎の生活を送り、七年後に死んだ。そして死後の世界に入ってから、九日後に再生したとある。その間の体験談が記されている。それによると「七人の非人有り、牛頭にして人身なり」という、かつて長者に殺害された牛の変身したものが、仇を討とうとして閻魔《えんま》大王に訴え出た。牛頭人身たちは、膾机《なますづくえ》と小刀を持ち出して、閻魔大王にむかい、「急《すみや》かに判許せよ。我を殺ししが如く、膾《なます》に賊《き》りて噉《くら》はむ」と申した、という。この記述をみると、供犠で殺害された牛は、膾のように肉を細く薄く切られた、残酷な殺し方をされていたことが分かる。この長者には、弁護人が千万余人あって「此の人の咎に非ず。祟《たた》れる鬼神を祀《まつ》らむが為に殺害せるなり」と申し立てた。つまり殺牛をさせたのは、本人ではなく、祟れる鬼神であり、これが悪神として非難されているのである。結局閻魔大王は、この男が、祟る漢神を鎮める呪ないとして殺牛したことを認め、地獄から解放したのでふたたびこの世に生き返ったのであるとしている。

「皇極紀」の記事をみると七世紀中葉の時点では、牛馬が殺害され供犠となるのは、雨乞いのためとなっており、それが諸社に奉納されていて、祀られる神格は明示されていない。しかし『日本霊異記』では、ほぼ一世紀経た八世紀末の状況である。この時点では、殺牛の行為は、はっきりと漢神《からかみ》に対するものとしている。漢神は外来神で、その祟りが個人に及ぶ形となっている。当時すでに、漢神を伝統的な神格とは対立させて考えていたと推察され、牛馬の供犠も特別な呪ないと理解されていたように思われる。ただ牛にくらべて馬の方が供犠となった例については、文献上は少ない。むしろ神馬として生馬を献上する風はあったらしく、たとえば『常陸国風土記』には、鹿嶋《かしま》大明神に生馬を献上したのは、崇神天皇の御代からだと記している。『肥前国風土記』佐嘉《さか》郡の条をみると、佐嘉川の川上に「荒ぶる神」がおり、往来の人々を半死半生の目に会わせたという。そこで県主らが、祖神に占ってもらうと、土蜘蛛《つちくも》の巫女である大山田女《おおやまだめ》と狭山田女《さやまだめ》の二人に神託があり、土で人形と馬形を作り、荒ぶる神に献納するようにとのことで、その通りにすると、荒魂《あらみたま》が鎮まったと記している。この記事と、遺跡から土馬の出土することとが対応することは明らかであった。やがて木製馬形とさらに馬の形で作った板立馬となり、最後に絵馬となる。つまり絵馬の起源については、牛の供犠といささか趣きが異なると考えられるのである。

馬は殺害の対象となるより、神馬すなわち神の乗物として霊的存在とみなされており、生馬の献納はその代替物の馬形へと変化し、馬形の板などはそのまま呪物視される傾向が強かったのである。

したがって、馬の方は、供犠の対象から早くにはずれたようであり、「殺牛」の方が強く印象づけられていた。しかし「殺牛」は漢神に対するものという認識が平安時代には一般的となっていたことを考えると、供犠自体が異国の風習のように受けとられる感覚が形成されていたと思われる。ところが、大陸から陰陽道が伝播した段階で、いわゆる怪異現象に対して、陰陽師が卜占《ぼくせん》する際、とりわけ牛の異常な行動を前兆とみなしていた点が注目される。たとえば、『御堂関白記』寛弘七年（一〇一〇）八月二四日の条に、「（前略）細殿北面牛登、令レ卜、申ニ不吉由一、仍以レ件牛令ニ解除一（下略）」とあるように、牛がたまたま御所の内部をふらりと通ったことが、不吉の前兆と判断された。そこで陰陽師がよばれる一方、異常な行動の元凶である牛はとらえられて、陰陽師の祓所まで連行され、祓いを受けた後解除《げじょ》される（小坂真二「怪異祓と百怪祭」『民俗と歴史』〈民俗と歴史の会編〉第一一号、一九八一年）。

小坂真二の研究によると、この祓儀礼は、「怪異祓」と称されており、その契機となる動物は、牛が圧倒的に多く、他に鼠と犬がいる。怪異祓の特徴は、要するに動物の異常な行動が人間に対して不吉を知らせるということのほかに、牛が祓所で祓いを受けるということもさしている。これは牛が供犠に用いられたことを示唆しているが、実際には「殺牛」になったという記録はない。陰陽師が罪をあがなうための代償として牛を取得したことになっている。

怪異現象を卜占と結びつけ、そこに「穢気」を読みとって、祓いの対象とするのは、陰陽道の解釈であり、小坂はその時期を九世紀としている。自然界の諸事象の中に怪異という異常視される状況を作り出すことは、古代国家にあってははじめ神祇官の管掌するところであったのが、陰陽道の解釈が優先するようになり、その所管が陰陽寮に移管されたのであった。陰陽道の中では、すでに牛が祓いの呪具として利用されるようになっていたことが分かる。

日本の呪ないの多くは、九世紀に陰陽道の枠組にとりこまれたのであり、後世の民俗文化に少なからざる影響を与えている。民俗知識として伝わっている各地の唱えごとは、いずれも陰陽道に淵源をもつことは知られている。アビラウンケンソワカといったり、「急々如律令」の文言《もんごん》がわれわれの身近によく用いられる。静岡県浜松市伊場遺跡出土の木簡の中に、「急々如律令」がある。こうした木簡・木札《もくさつ》のもつ呪ないとしての意味が注目されている。これらは「物忌札」とよばれている。陰陽道の知識からいうと、物忌日は、不吉な前兆が読みとれる期日であり、物忌む必要があると判断された日なのである。この日は物忌札を門前にかかげ、家主は家に籠っており、客人を中へ入れてはいけないとされた。「物忌札」の形態は、中国道教の呪符の系譜を引くものだが、これが用いられる場合には、物忌みのための聖域の標示として機能していた。すなわち神事における注連縄や神事札と同様の性格をになっていたことになる。ところが除災や魔除けの機能へと変化するプロセスがあり、そうした機能を強化したのが陰陽道だとする指摘がなされている（小坂、前掲論文）。悪鬼・悪霊の侵入を防ぐという観念は、そうしたものの存在を、自然界の中から読みとる技術が前提となるのである。

元興寺極楽坊の庶民信仰資料を通して「物忌札」を分析した奥野義雄の研究によると、「物忌札」に墨書された「急々如律令」という呪文が、「九九八十一」と「二十七八九」の数字と不可分の関係にあるという（奥野義雄「物忌札とその世界」『どるめん』第一八号、一九七八年）。この不思議な数字は、陰陽五行説から割り出されたもので、具体的には道教における『易経』から導入されたという。数字の逆記は、呪ないの一つであり、民間伝承の中では、虫除けの呪文をわざわざ逆記することと軌を一にしているのである。逆記は、現世に対してこれが別の世界に属することを指示していることになる。価値が逆転して、強い呪力が発現したとみられる。「急々如律令」にしてもその点は明確であり、この呪文が逆に記されて、家の柱や門口に貼りつけられている点にも通じている。こうしたテクニックを陰陽師たちは心得ており、呪ないとして行使したのである。奥野は、「急々如律令」と記した物忌札は、仏教儀礼の中にもとり入れられており、たとえば葬式のときの「忌中《きちゅう》札」などに示されていることを指摘している。

このように日本の呪ない＝呪術については、陰陽道の介在を十分考慮しなければならない。陰陽道は民俗文化の全体に関わっており、民俗文化の把握に際しては、陰陽道の知識を抜きにしては考察できないことも明らかなのである。生活意識の個々についてみても、どの部分まで陰陽道が浸透しているのか探ることが今後の大きな課題として残されているといえよう。また呪ないは、本来制度化された社会的性格をもつものと、内面的な秘儀的性格をもつものとに大別することができる。一人の人間にとって、呪ないを意識するのは、大規模に儀礼化した内容の場合と、誰にも気づかれないで第三者からも容易に判別できかねるような内容をもっている場合とがある。陰陽道はどちらかというと後者の世界を管掌する志向をもっていた。しかし前者のように年中行事や冠婚葬祭に付随した呪ないは、後者との連続面を稀薄にさせてはいるが、やはりそこに何らかの関連性が認められるのであり、その点は十分に考慮すべきである。

㈥ 巫者とケガレ

古代民衆と巫覡《ふげき》の徒との関わりについては、これまでも種々研究されてきた。『類聚三代格』大同二年（八〇七）九月二八日の太政官符「応レ禁二断両京巫覡一事」（まさに両京の巫覡の活動を禁止すること）にあるように、「好託二禍福一。庶民之愚仰信二妖言一。淫祀斯繁。厭呪亦多。積習成レ俗」（好んで禍福を託宣すると愚民たちがそれを信じるので淫祠が増える、又呪ないも多くなり、それが積もって民俗と化している）というような状態が生じていた。巫覡の妖言で、庶民が惑わされるので国家がこれを禁ずることは、不穏な時代背景に基づく現象であるが、こうした巫覡たちの活動は、結果的には、さまざまな神格を創出することを意味していた。「此来無知百姓、構二合巫覡一妄崇二淫祀一」（この頃無知な百姓が巫覡にたより、やたらに淫祀を崇めている）（『類聚三代格』宝亀一一年〈七八〇〉という ような淫祠に祀られる神ガミは、とりも直さず民衆のカミでもあった。中でも「妖二祠死魂一」（死者の霊妖祠になる）（『続日本紀』聖武天皇天平二年〈七三〇〉九月）というような死霊の祟りに発した場合が多かった。死霊の怨念は、鬼神・邪神に転化していたのである。『古事記』に記された「蝿声邪神《さばえなすあしきかみ》」とも表現されている荒ぶる神・麁猛神などの祟りや、御霊から転化したとみられる疫神によるさまざまの災厄は、いずれも祓えの対象となったのであるが、その根底では、「荒御魂」の機能として発現しているのである。

すなわち神霊には二つの表われ方があった。一つは善霊＝守護霊であり、他は怨霊・御霊などの悪霊としてである。こうしたカミ観念は、日本の神ガミの典型といえるものである。それは『記』『紀』に表現された「和魂荒魂《にきみたまあらみたま》」の意であり、たとえば神功皇后の出陣に際しては、二魂が同時に憑依したと思われている。「幸魂奇魂《さきみたまくしみたま》者一魂両化之名」（幸魂奇魂は一つの魂の両方に化した名前）（『神代口訣』巻三）といった解釈もあった。本居宣長は、和と荒が、「麁《あら》き精《くわし》き」あるいは「強《こわ》きと柔《やわらか》なる」と同様の意味で、「火に譬へて答たりしことあり、其はまづ一の火あらむに、其を分取《わけとり》て、燭と薪とに着《つく》れば、燭にも薪にも移りて燃れども、本の火も亦滅《きゆ》ることなく、滅ることもなくして、有しまゝなるが如く、全体《すべて》の御霊《みたま》は、本の火にして、和御魂荒御魂は、燭と薪とに移し取たる火の如し」（『古事記伝』三〇之巻）と説いている。つまり一神があって、二つの機能を表わしているということである。つまりカミにおける二つの部分は、本来的に備わったものとみられている。そしてその荒御魂の部分は祓われることによって、和御魂となることが可能だという認識があったのである。

ところで巫覡が、神霊を憑依させる場合に、善霊と悪霊とを自由自在に操る霊能が必要であった。かれらはその霊力により死霊や怨霊を流行《はや》らせることが可能なのである。

日本の場合、女性司祭の伝統は強いものがある。これは柳田国男のいう「妹の力」の発現とみられていた。そして古代から中世にかけて、女性司祭者の社会的地位低下が指摘されているにもかかわらず、民間巫女の系譜は、依然として歴史を通底していたのである。

興味深いことは、巫女とケガレの関係である。祓えの贖物《あがもの》として人形が使われることは一種の呪法によっているが、その人形には、「穢れ」が背負わされており、それが棄却される。中世には、棄てられるべき人形を持つ巫女のことをアガミコとよんだ。そしてそれは贖物を処理するものであって、カタヒトともよばれていた。このカタヒトは女性であり、ケガレを一身に背負う存在と位置づけられている。巫女自身の女としての「穢れ」に加えて、儀礼的にも災厄を祓うことの役割をになわされていることが明らかなのである。

ところで南島文化では、女性が民俗宗教の中心となっている。女性司祭者の中で、ノロ・ツカサの御嶽《うたき》祭祀には、男性は例外なく補助的役割を果たしているに過ぎず、それと対照的な中世以後の本土における神事との対比は、以前から注目されていた。現在も、憑依する女性巫者のユタやカンカカリヤたちの神事における位置は無視できない。そしてこれら女性司祭者に対する不浄観は、ほとんど問題にされない。ところが中世日本の社会では、汚穢＝不浄の方がより鮮明化されていて、祭祀から次第に女性が排除されるにしたがい、結局男性優位となったという状況は、南島の民俗文化にはあてはまらないことになるのである。

しかし「穢れ」を祓う巫女の存在は、巫女自身汚穢の対象となりながら、穢れを解消するカタヒトとして機能することであった。それは穢れに対する女性の優位性を示唆するものといえる。男性中心の民俗宗教として知られる修験道が、自らの聖域である修行場としての山岳に女人の登拝を許さなかったことは、歴史的事実である。しかし、女人禁制を説きながら、一方で女人登拝を語る伝説を伴っていた点は注意されねばならない。それは姥《うば》石《いし》とか比丘尼《びくに》石、巫女《みこ》石と称されるものが結界となっている。霊山に登っていた女性が、頂上に達することができず石と化したという内容であり、全国的に共通している。その地点まで女性が登っていた事実を反映しているのである。仏教の関与の著しい山では、そこが女人堂となり、女人はそこから霊山を拝するものとした。立山の女人堂においては、境の空間において女性の生まれ代わりの儀式＝布橋大灌頂が執行されたのである。そこは聖なる祭場でもあったのである。特に注意されるのは、山岳に登拝した女性が巫女であった点であり、穢れ＝不浄のゆえに排除されるというタブーに挑戦した巫女たちの存在が描かれているのである。この場合ケガレは特別の霊力によって克服できるという前提があったように思われる。

神霊を憑依させ、それを善にも悪にも自在に操る霊力をもつ存在は、日本にも男女両性あり、巫覡の徒と一括できるものであったが、女性司祭の伝統や、東北地方のイタコ・ゴミソ、南島のユタ・カンカカリヤに示されているように、この世界では、圧倒的に女性優位なのである。もちろん、シャーマニズムの概念に属する性格である。日本シャーマニズムの特徴は日本の民俗文化の原質に連なるものであった。佐々木宏幹は、日本のシャーマンには、精霊統御型・霊媒型・職能者型の三類型が併存していると指摘している。とりわけ憑依人格によって自我が支配されている霊と、自我が憑依人格を支配できる予言者とが、別人ではなくて同一人であるという特徴がここでは指摘されている。このことは、ちょうど文献に残された民間巫女の守護霊が、善神と悪神の両様に使い分けられるという巫女の両義性による特別の霊力のあり方に通じており、一つの神霊が荒魂・和魂に使い分けられるというカミ観念に対応するのかもしれない。

穢れの観念とシャーマンの関係については、まだ十分に検討されてはいない。メアリ・ダグラスのいうように、汚穢は孤立した現象ではなく、諸観念の体系的秩序との関連においてしか生じないのである（メアリ・ダグラス、塚本利明訳『汚穢と禁忌』、思潮社、一九七二年）。

したがってケガレの文化的意味づけについては、今後とも追求すべき課題はきわめて多いのである。日本の巫女が、神婚を前提にケガレを解消するところに、その霊性を確立したとするならば、ケガレの基本的理念に立って、穢れそのものを不浄視しないという原理がさらに確立される必要があるだろう。

Ⅵ　今後の課題

柳田民俗学の一つの帰結点として、農民イコール常民という考え方を前提に、江戸時代に約七割ほどをしめていた農民層の生活文化のなかに日本文化の本質があるという仮説を提出してその課題がそのまま現代に引き継がれている限りは、今後民俗学自身が問題を展開できなくなっているという現状が明らかとなっている。伝統的な民俗文化は、一九三〇年代頃から急速に消滅していった。そのあと戦争があって戦後さらに衰退した。そして一昔前の民衆生活の民俗資料は、さらに七〇年代の高度成長期に至ってとことん地域社会から姿を消した。ちょうどその時期に、文化庁が文化財保護政策のために、民俗資料の緊急調査研究をはじめるといった具合であり、民俗学自身が、現代の民俗とは一体何であるのかとか、無意識のうちにわたしたちが伝えてきている生活意識・感覚、いわゆる無意識の慣習というものを、多面的に日本文化の問題として考えていくという方向は辛うじてあったものの、実際に資料化し、さらに抽象化するための理論に不足していたことが今や明白になってきている。

このようないくつかのターニングポイントを経て、現実にはなお民俗文化が存在しているということをどのように考えるのかということが一つの課題になってきている。

ところで柳田国男は今和次郎の都市風俗学=考現学に対して、都市を民俗学の対象にしなければならないという考えから、『明治大正史世相篇』を著わした。今和次郎の考現学のフィールドワークと、柳田による新聞記事の世相分析という違いはあったが、一九三〇年代に、農村ではなく都市というものが大きな課題になっていたことは事実である。

柳田国男は初期の段階で山民とか畑作民とか海民に目配りしているが、とりわけ山の文化に注目し、山民が日本人の古い文化を伝えている人々だという前提のもとに山民を扱っていた。それは十分に目的を果していないままに一九三〇年代に突入した。そしてさらに日本民俗学の研究集団を一九三五年に組織化した。全国から当時の郷土研究者がデータを集めたが、それは村が伝えている古い風俗・習慣であり、それに基づいて民俗学の体系化を進めるというかたちになった。その折問題とすべき被差別部落のテーマは放置された状態のままであった。しかしそれ以前、明治四〇年代には柳田国男はいわゆる「特殊部落」についての沿革や実態を、旅をしながら記録にとどめてまとめようとしていた。

最近の赤坂憲雄『漂泊の精神史』(一九九四年)には、柳田がとりわけ被差別民に注目したのは、かれらが「境の民」として存在する意義を認めたからだとし、とくに被差別民が漂泊から定着へのプロセスに生ずるテーマを問題にしていたと指摘している。

その後の民俗学の展開では、折口信夫が大衆芸能者の集団から「まれびと」という観念を導き出したことが重要である。大阪近辺の大衆芸能のもっている文化創造力を認めて、かれらが正月に各家を回ってことほぐということからこれを「まれびと」の退化現象と見た。この考え方は柳田の「先祖の霊が祖霊となり、貴い姿として正月に訪れてくる」という祖霊観とは大いに対立している。しかし折口信夫のこの発想は被差別部落を射程においた民俗研究として高く評価されるものであった。

民俗文化論としては、山民・畑作民・焼畑農耕民が一括されている。山から里におりかねて山に残ったまま生活している人たちの民俗文化が、たとえば「餅なし正月」というキーワードにより、展開した。この「餅なし正月」の分布は畑作地帯に多いといわれている。「正月だからといって、なんで餅を食べなければならないんだ」という家が、関東北部から東北地方にかけてはよく存在している。西日本の畑作地帯のなかにもこうした「餅なし正月」の系譜がある。つまり水田稲作＝白米だけにこだわらない畑作民がいわゆる雑穀文化を発展させており、その雑穀文化の象徴的な存在がイモであったり、うどんであったり、小豆であったり、赤米であったりということになる。この観点は日本文化の多元性、複合的性格の形成という見方に連なっている。したがって当然多元的民俗文化論のなかに被差別部落のもっている民俗文化もきちんと位置づけられる必然性があったのである。しかし実際上は、被差別部落に直接入り民俗調査を行うことについては、ある時期いろいろな事情があってできかねていたことも事実である。

民俗学は、これまで古い時代の伝統的な文化の豊富なフィールドをとくに選んできたから、例えば「門徒ものしらず」という言い方にみられるような、浄土真宗地帯などは除外される傾向があった。しかしこれまでも数少ない研究者たちはそれに批判的であり、たとえば桜井徳太郎は文化変容という観点から、アカルチュレーション（文化変容）の理論をとり入れて真宗地帯には習俗が何故薄いのかという意味を追求している。これは伝統的な民俗が真宗の影響を受けてどのように変化するかを明らかにしようとする立場である。この場合、真宗独自の報恩講の存在が大きな位置を占めている。伝統的な習俗をアレンジしなおして真宗の民俗ととらえると、それは違和感なく受け入れることができるという結果になる。そこには真宗のもっている行事が、日常生活に密着して展開できるような要素があった。一年間のリズムの中で、たとえば収穫祭の時期に報恩講が行われ、小正月にはお七夜が結び付くというように、円滑に地域社会に真宗が習俗として受け入れられていることが推察できる。

ところで真宗以外の地帯では、庶民の精神的支柱は寺院よりも氏神である。氏神と真宗寺院が並立して、真宗寺院を中心とする一方を排除するということは、確かに普通の村の中にはあり得た現象である。一般の村と被差別部落との場合では、氏神と真宗寺院の対応の仕方に、どのような現れ方の違いがあるのかということが、民俗調査の一つのポイントになると思われる。

関東の被差別部落では、真宗信仰よりも白山信仰のほうが顕著である。白山信仰の展開は中世以来東日本に及んだが、これらを受容した江戸時代になって被差別部落が白山信仰を独自の習俗としてもっている意味が興味深い。一方、東日本では真宗と氏神との関係はどうだろうか。東と西の地域差というものがあって、被差別部落の場合には、この地域差が一つのポイントになっているのではないだろうか。今後東日本の被差別部落調査の実例と比較していくことにより、民俗文化の多元的な側面の解明の手掛かりになると思われる。

被差別部落ならではの民俗文化という考え方をひとつの柱にして考えていくことも重要であろう。村全体で子供を育てていくということが守り子の習慣であり、一般の村では守り子と赤子の関係は、一生のつきあいになっていくものである。しかし被差別部落では子守歌に惨めな境遇をうたう歌詞が多いということからすると、守り子はそういう慣習的なものではなかったと思われる。

東日本では氏神祭りのときに被差別部落の人々が特別の神事にかかわるという位置づけがしばしば見られたが、お祭りからはとくに排除されてはいない。また若者と娘との関係では、大阪では「トックリコロガシ」という興味深い事例がある。これは若者と娘を結び付ける結納と同じ意味である。これを行うことによって性的な部分が解放される。また同時に家の労働力の担い手としてもカウントされる状態にあることが感じられる。

ところで部落解放研究所編『被差別部落の民俗伝承』(解放出版社、一九九五年)のなかで前出の「路地と街道」という視点が設けられたことは、この民俗誌が被差別部落における民俗資料の報告書というだけではなくて、むしろ他の都市化地域の民俗誌との比較の基準を提示していることになり評価できるものである。この視点は、都市民俗学の一つの方向づけになるだろう。以前の民俗学者の多くは、都市に民俗はないという前提でこうした重要な部分を切り捨ててきた。しかし都市化がすすむと対象となるフィールドがなくなってしまうというので、「都市化された地域の民俗」というかたちで対応しようとした。そして民俗変化を追いかける方向となった。それは都鄙連続体の視点を受けついで、農村が崩壊するとやがて都市になっていく、その変容の仕方を民俗文化の問題としようとしたのであった。ところで現代民俗学では、都市空間が生み出してくるもの、とくに大都会に住む現代の人間がもっている気質というものをとらえることによって、日本人のもつ民族性の解明に役立つ視点を用意している。

そこで民俗語彙によって表現していくというオーソドックスな方法をとる場合、地域住民の深層意識は民俗語彙を通して表現されるものであり、語彙の背景にはさまざまな儀礼、例えばお祭りとかイベントといった行事が表現されているということ、そしてそこに日常生活意識や精神の変容がみられることに注目することにより、これらの比較から日本列島文化の問題にかかわらせることができる。

今後の展望として、抽象的な言い方ではあるが、コンセプトとしての差別・被差別を越えて、その地域の民俗文化を担っている人間の精神の問題を扱うことにより構成される民俗誌が、生まれてくる必要があると思われる。

そのための方法としては、話者の言葉によりライフヒストリーを重ねていきながら、被差別部落に生じている自立的な民俗変容の像をとらえる必要がある。その場合、ターニングポイントになる時間をここに組み込む必要があるだろう。それは、例えば一九三〇年代、太平洋戦争前後、高度成長期の三つの折り目である。

そして同時に被差別部落のもっている「しごと」の内容に大いに注目すべきであろう。しごとの技術伝承は汎人類的文化であり、日本の民俗文化の要素は明らかにまず東アジア世界の中に位置づけられていく重要性をもっていると思われる。一国内の民俗学にこだわっていると、このテーマがついつい身近の地域文化の些細な事象にのみこだわってしまいがちであるが、民俗要素の一つ一つが実は広く東アジア世界全体の中に位置づけられるという視点を絶えずもっていく必要があると考えている。

結語

日本の民俗宗教を研究する者の一人として、被差別部落の白山信仰はきわめて興味深いものがある。柳田国男『大白神考』の中で、ロシアのニコライ・ネフスキーが、部落のシラヤマと、加賀白山のハクサンというよび名の使い分けがあるという報告をとり上げているが、この白山信仰が被差別部落にどのように位置づけられるかというテーマをたてて調べて行くと、いろいろないとぐちが見えてくる。本書にもその原点になる論文を三篇まとめて収載している(I章五、II章一、二)。

ちょうど私自身がこの問題に熱中していたのは一九七六年前後であり、この頃各地の被差別部落の民俗誌作成の流れがあれば、さらに問題を深化させ、展開できたのではないかと悔やまれるが、当時は東日本地方に多い白山信仰の実態にのみ眼をうばわれ、もっぱらこれが広く日本文化に潜む再生の理念と関わる点に関心をいだいていた(『原初的思考』〔大和書房〕、『白のフォークロア』〔平凡社ライブラリー〕)。

その後ケガレの問題が浮上してきて、桜井徳太郎、波平恵美子、谷川健一氏らと、ハレ・ケ・ケガレの議論に参加するうち、私自身ケガレの意味が不浄に変化する要因の究明におもむいた。これは、ケガレが民俗語彙としてとらえられるとするなら、その二次的解釈によって漢字表記の汚穢の意が与えられ、不浄観がいっそう社会化するわけで、不浄を本来のケガレの語義に戻してみる操作をするならば、少なくとも原理面におけるケガレ＝不浄観が解消できるのではないかという考えにもとづいている（Ⅴ章二）。

そのためには、社会現象として私たちが日常生活で意識しているケガレ＝不浄の意味を抽出し、それぞれにケガレ本来の原理をあてはめてみることが必要となる。

そのために、民俗学的観点から、もっとも成果をあげてきた血穢の問題と、女性差別の関わりを歴史的・民俗的に究明することにまず力点を置いた。その内容は主としてⅢ章にまとめている。血穢そのものは出血に対する原初的恐怖にもとづく汎人類的思考であるが、経血や出産時の出血が生命誕生に結びつく意義を究めれば、血穢、女人禁制の虚構は無化できる可能性があり、これらを民俗文化史的に再整理する必要性が当面の課題の一つだった。この分野では、宗教学の井桁碧による一連の研究が有益であった。

一方には、死穢という不浄観はきわめて大きいものであり、死穢の原点にある穢気の存在を突きとめ、どの時空間においてそれが発生し、不浄視されていくのかを、文献や民俗資料をもとに再構成した。もし汚穢の発生があると、生理的に人間はそれを排除しようとする。その営みは民俗儀礼の基本にあるものといえる。その営みをハレとするなら、ハレの力を喚起するのはケガレである。民俗儀礼がハレとケガレのセットとして考えられる点も明らかにする必要もあった。これらの試みは、ケガレを単純に汚穢の意識におち入らせないための民俗認識である。

以上のような民俗学的研究をつづけている間、被差別部落の研究成果も一方で大いに活性化していた。とくにこれを、政治・経済史の対象とするだけでなく、文化論としてとらえていく考えは、多くの先行研究から学ぶところが多い。柳田国男にはじまり、喜田貞吉、菊池山哉の古典研究、網野善彦、荒井貢次郎、上田正昭、沖浦和光、盛田嘉徳、脇田修ら先学の、それぞれアプローチの仕方は異なるが、被差別部落の歴史研究、そのなかでも系譜書に関する分析や、また文献学的に汚穢を追究している山本幸司、丹生谷哲一らの研究成果は、一方に民俗学的解釈を付加させることにより、日本文化論として展開する可能性をもっている。

最近出版された『被差別部落の民俗伝承』(解放出版社、一九九五年)は、一九八三年以来の大阪府下四七の被差別部落の民俗聞取り調査がまとめられている。これまでこれほど大がかりな被差別部落の民俗調査が行われたことはなかったので、本書は今後の被差別部落民俗誌のあり方を考える上で、十分検討されるべきであろう。

私は日頃から被差別部落問題について実践面において欠如している者であるが、この三、四年、大阪府人権資料館、東日本部落問題研究所、全国大学同和教育研究協議会、部落解放研究所などのシンポジウム、講演会、研究会などに参加し、民俗学からの意見を求められた。こういう機会をつくっていただいたのは上田正昭、沖浦和光、荒井貢次郎などの先学であり、ここに深く感謝の意を表したい。机上の空間だけの研究者の発想がつねに実践面で運動している方々にどのような意味があるのか、いささか不安であった。本来民俗学は民俗誌をベースに展開する民間の学問として成長してきているが、残念なことに、被差別部落の民俗誌については、いまだ本格的に作られてはおらず、森栗茂一、西岡陽子、宮本袈裟雄らの研究調査があげられるだけの現状ではある。私自身の立論の根拠はしたがってきわめて脆弱であるが、今後の被差別部落の民俗調査に役立つべき民俗事象理解の基礎知識を能うる限りは提示したつもりである。従来の行政サイドの民俗誌のあり方については、民俗学の新しい世代によって再検討される時期にさしかかっており、今後民俗研究と被差別部落研究との接合がいっそう深まり行くことを期待している。

本書は、だいぶ以前より人文書院編集部の落合祥堯氏から、まとめることを依頼されていた。落合さんの熱心な慫慂がなければ本書は多分まとまらなかっただろう、それも問題を提示するにとどまってしまったことは、ひとえに私自身の怠慢による。なお本書収載について御理解たまわった関係機関各位に対して改めて御礼申上げたい。

平成七年十二月

宮田　登

初出

I章一～四は、次の二本の論文を中心にまとめた。
「民俗研究と部落問題――シラ山、ケガレなどを中心に」『解放研究』第6号（東日本部落問題研究所、一九九三年九月）
「皮・肉とケガレ――民俗学の立場から」『部落解放と大学教育』第11号（全国大学同和教育研究協議会、一九九四年三月）
五は「被差別と昔話」（関敬吾編『日本昔話大成』第十二巻、研究篇（角川書店、一九七九年一二月）、のちに『都市民俗論の課題』（未来社、一九八二年五月）に収載）

II章一、二は
「非常民の信仰」『文化』一九七六年三月（駒沢大学宗教学研究会）
「力と信仰と被差別」『伝統と現代』一九七六年三月（學燈社）
（いずれも『民俗宗教論の課題』未来社、一九七七年六月に収載）
三は宮田登編『日本民俗文化大系』4、『神と仏』の序章の一部（小学館、一九八三年三月）

III章一～七は次の論文にもとづいている。

「民俗宗教のなかの血穢観」『大系　仏教と日本人』8、宮田登編『性と身分』（春秋社、一九八九年九月）

「生活意識と不浄観の根源」『歴史読本』一九九二年六月（新人物往来社）

IV章は次の文章を一部書き改めた。

一、「白山信仰と被差別」『伝統と現代』一九七六年七月（學燈社）（前出『民俗宗教論の課題』に収載）

二、「白と黒」『自然と文化』一九八五年新春号（『現代民俗論の課題』未来社、一九八六年一一月に収載）

三、「民俗研究と部落問題――シラ山、ケガレなどを中心に」、前出。

V章

一、「ケガレの民俗的概念について」（竹田旦編『民俗学の進展と課題』国書刊行会、一九九〇年一一月）

二〜五までは次の論文からとった。

「神と仏――民俗宗教の基本的理解」「呪ないの原理」（ともに前出『日本民俗文化大系』4、『神と仏』（小学館、一九八三年三月））

VI章はシンポジウム「被差別部落の民俗伝承からの問いかけ」（『部落解放研究』第一〇三号、一九九五年四月）における発言にもとづいて書き改めた。

解説　民俗学が差別と対峙するとき

赤坂憲雄

たぶん、宮田登という民俗学者の評価はいま、さだめなく揺れている。没後十年を経て、逆に、その評価は曖昧模糊としてきたような気がする。宮田登とはだれか。民俗学にまつわる制度の組織者としての宮田さんではない。わたしが問いかけてみたいのは、あくまでその民俗学者としての宮田さんの仕事について、である。あえて奇妙な物言いを選んでみるが、たとえばわたしたちの眼前には、宮田さんの膨大な著書や論考やエッセイが、どこか困ったような表情を浮かべて佇んでいる。いや、困っているのはわたしたち自身であって、宮田さんのほうは悪戯っ子のような笑いを浮かべて、余裕の表情といったところか。たっぷり謎は懸けておいたからね、読み解くのは君たちの仕事だよ――。そんな宮田さんの声が、どこからともなく聴こえてくる気がするのである。

それは、もしかすると、とても珍しいことなのかもしれない。この国の学者や物書きは、亡くなった瞬間からおそろしい勢いで忘却の渦に巻き込まれてゆく。とりわけ、宮田さんのように生前すでにたくさんの読者を獲得していた書き手の場合には、それが顕著に見いだされる、とわたしは感じてきた。ところが、没後十年が過ぎても、宮田登という書き手の、いわば賞味期限が切れることはなかった。どうやら忘れ去られることなく、ささやかなものではあれ、あらたな読者を獲得しつづけている気配が漂うのである。くりかえすが、それはきっと稀有なことである。

それがなぜなのか、性急に答えを求めようとは思わない。いま・ここで見えていることなど、たかが知れているのだ、と思い知っておいたほうがいい。そもそも、民俗学的な知の豊饒さとは、いま・ここで見えていることの自明らしさを根底から揺さぶり、時間を越えた集合的な無意識の側からいま・ここを照射してみせることにあったはずだ。フォークロアには作者が存在しない、だから、そこにははじまりも終わりも存在しない、たしかな形や色も存在しない。広大な集合的無意識の海にたゆたうものに、つかの間輪郭と彩色を施し、フォークロアと呼んでいるにすぎないのかもしれない、と思う。

それにしても、大きな存在であった。茫洋として、どこか捉えどころがなく、それでいてさりげなく核心に触れていた。ずっと後になって、それに気づいた者は、ひそかに顔を蒼ざめさせる、なす術もない。たとえば、網野善彦さんや上野千鶴子さんとの座談会の記録が『日本王権論』(一九八八年)として残されているが、そこでの宮田さんはかならずしも多くを語っていない。王権論にかかわる民俗学の無力さをさらした印象があった。しかし、のちに刊行になった『日和見』（一九九二年）という著書などは、その書名のユーモラスな自虐めいた顔つきとは裏腹に、副題には「日本王権論の試み」とあって、『日本王権論』への遅れてきた応答そのものであったかと思う。それはまぎれもなく、柳田以来の民俗学が忌避していると非難を浴びてきた、民俗学的な王権論に真っ向から取り組み、その地平を思いがけぬ方位に向けて解き放った著書であった。わたしはその腹の底に響くような重厚な驚きを忘れることができない。ひそかに心深く期するところがあって、宮田さんはその書を上梓したはずである。いま・ここに在ることは、いかにも儚い。それを知るがゆえに、問いは執念深く持続されねばならない。それが宮田登という民俗学者の流儀であったことを、記憶に留めておきたい。

その早すぎた死がもたらした影響は、それと意識されているよりもはるかに深刻なものだ。宮田さんは民俗学を背負っていたがゆえに、だれよりも痛切に民俗学の黄昏を感じていたにちがいない。しかし、そんなことはおくびにも出さずに、身を削りながら、とても孤独な戦いを続けていたのである。飄々とした風貌は、それを意識させることが少なかったから、きっと宮田さんの戦いに気づく者はまれであった。王権論ばかりではない。柳田民俗学がタブーにしたと非難されるテーマを、宮田さんは律儀に引き受けようとしていた。

性のフォークロアについては、『女の霊力と家の神』や『ヒメの民俗学』などの著書があり、差別のフォークロアについては、『神の民俗誌』や『ケガレの民俗誌』など、たいせつな仕事が残されている。宮田さんはおよそ派手さには欠けるが、あきらかに柳田民俗学の欠落を補うために孤軍奮闘していたのである。呼応する者はあまりに少なかった、気づかれることすらまれであったのだ。

わたしもまた、そうした宮田さんの孤高の戦いに気づくことのなかった一人である。いまごろになって、たとえば『生き神信仰』といった本を読み直す機会があり、その豊かさに圧倒されている。三十代半ばの仕事であった。『ミロク信仰の研究』『近世の流行神』、そして『原初的思考』など、代表作に数えられる著作のいくつかが、やはりこの時期に書かれている。これらの著書の群れのなかに、宮田登という民俗学者のすべてが詰まっているような気がする。そこに見いだされるテーマのひとつに、シラやケガレをめぐる問題があった。それは通奏低音のように問いとして響きつづけ、晩年になってようやく『ケガレの民俗誌』にまとめられたのである。

この『ケガレの民俗誌』が刊行されたのは一九九六年のことである。そこには、『原初的思考』（一九七四年）から『神の民俗誌』（一九七九年）を経て、『ケガレの民俗誌』へと展開していったテーマが浮き彫りにされている。収録されている論考は、もっとも古いものは一九七六年の日付けをもつが、それ以降、折りに触れて執筆された論考が再録をふくめて集められている。一九九〇年代の半ばになって、にわかに被差別部落研究との接点が生まれ、それがこの著書をまとめる契機となったらしい。

さて、『ケガレの民俗誌』の編纂にかかわる意図はあきらかであった。民俗学はたしかに、これまで被差別部落の問題について触れることがあまりに少なかった。宮田さんはその反省のうえに立って、明治・大正期の柳田の仕事を継承しながら、民俗学と被差別部落研究との連携のために道をひらき、その礎石を築こうとしたのである。副題に「差別の文化的要因」とあったのは、むろん偶然ではありえない。そこに、宮田さんの思いが凝縮されているし、ある種の挑発的な意図もまた透けて見える。あくまで、民俗学という知にもとづいて差別へのアプローチを試みることが宣言されていたのである。

差別とは何か。さまざまなアプローチが可能である。歴史学的な研究は、すでに分厚い研究史の蓄積をもっているし、社会学的な、また経済学的な研究も少なからず存在する。心理学的なアプローチにも多くの先行研究が見いだされる。それでは、民俗学にはいったい何がなしうるのか。そこで宮田さんが掲げたのが、差別を「文化現象として捉える」という方法的な立場であった。民俗学という方法は、民俗的な世界のなかから、差別をめぐる文化的な要因を探り出すことをめざすのだ、という。いうまでもなく、差別とは文化的な現象にすぎない、と語られていたわけではない。差別という現象は、たんなる文化的な現象ではありえず、おそらくははるかに政治的な、また社会・経済的な、さらには心理学的な現象であるにちがいない。だからこそ、多様なアプローチの方法が可能であるし、必要ともされているのである。

それでは、あらためて、文化現象としての差別とは何か。民俗学は差別の主体として、ときに「常民」(ふつうの百姓)を名指しする。「常民」についての通説的な了解は存在しないが、それが社会・経済的な階級対立の所産としてではなく、より深く文化的なものとして認識されていたことは否定しようがない。たとえば、「常民」の生業と結びついた信仰の体系に、民俗学者としての宮田さんはとりわけ眼を凝らすのである。差別された人々が職掌とすることが多かった、人間や家畜の死にかかわる「死の儀礼」を起点として、その信仰体系にたいするアプローチが試みられている。シラという問題がしだいに浮かびあがるが、それは柳田の『海上の道』をじかに受けたものであった。宮田さん自身が三十代のはじまりのときから抱え込んでいたテーマでもあった。信州の花祭りのなかの白山=シラヤマを起点としながら、シラという問題は深められていった。生と死をめぐって交錯する民俗文化の諸相が読み解かれてゆくプロセスは、いかにも圧巻である。長吏という被差別の民によって、「常民」の生と死にまつわる民俗文化が根底から統御されていること、それはまさに、宮田さんによる重要な発見であったはずだ。

しかも、このシラからスジへと繋がる民俗の回路が、やはり柳田を受けながら、問いとして深められていったのである。沖縄では、シラは稲籾を指す言葉であった。それはまた、原型としてのスジュン・スデル（育てる）といった言葉に繋がっていた。東北などでも、しばしば稲を保存する装置がシラと呼ばれてきた。いわば、稲の貯蔵場と人間の出産とが、シラという問題のなかに包摂されてくるのである。日本的な差別において、筋＝スジの問題が根幹をなすテーマであり、しかも、それが歴史学的には論じにくいものであることを思えば、民俗学的な方法の有効性はあきらかではなかったか。

あるいは、宮田さんのケガレ論は、ケガレのフォークロアの内側に深く入り込むことによって、それを相対化＝無化する契機を見いだすことをめざしていた。ここでも、宮田登という民俗学者が、みずからも参加していた、一九七〇年代半ばの「ハレ・ケ・ケガレ論争」を忘れることなく、熟成させていった果てに、『ケガレの民俗誌』に到り着いていることに注意を促しておきたい。ケガレが「汚らしい」と同義になる以前には、力が衰えてゆくという潜在的な心意があったのではないか、という。ケガレの観念を無化するためにこそ、民俗学に根ざしたケガレ論が求められていたのである。

それは、ケガレにまつわる三つの場面において確認される。皮革と肉食のケガレ、死のケガレ、出産や血のケガレについて。不浄とか汚らしいという観念が生成してくる以前の感覚として、人間や動物のいのちの根源に触れたときの畏怖の念のようなものとして、原型としてのケガレが存在したのではなかったか。そうした畏怖の記憶は残存し、それゆえに、ある種のマジカルな存在にたいして、ケガレを統御する役割が託される。しだいに不浄の観念が肥大化してゆくと、それはいつしか特定の階層にゆだねられ、被差別の民としての固定化が起こる。文化としての差別の構造がそこに、ケガレ＝不浄という観念を侵しがたい前提としながら生成を遂げるのである。

さて、こうして『ケガレの民俗誌』からは、宮田登という民俗学者のきわだった個性が窺われるにちがいない。民俗学という知の方法をもって、差別の無根拠性を明るみに出すこと。宮田さんのモチーフには揺らぎが見られない。それはしかも、ほかの学問やアプローチの方法によっては、選びようのないものではなかったか。差別には根拠がないと、あまりに真っ直ぐに言ってのける。おとなしく牧歌的な民俗学が、宮田さんに媒介されて、なかなかに挑発的かつ大胆な試みへと足を踏み出していた。わたし自身が驚きをあらたにしている。宮田さんはやはり、民俗学を背負い、民俗学の可能性の外縁を拡げようと戦っていたのである。

『ケガレの民俗誌』はたいせつな著書である。そこでは、三十代の宮田さんが抱いていた問いのいくつかが、ゆるやかな成熟の果てに一定の応答へと辿り着いている。宮田登という民俗学者の仕事はまちがいなく、これから再評価されることになるはずだ。民俗学は先人たちの仕事にきちんと向かい合うべき時代にさしかかっている、と思う。

本書は一九九六年二月二十五日、人文書院より刊行された。
底本としては二〇〇一年六月三十日刊行の第七刷を使用した。
本書に出てくる各地の地名は、論文初出時のままである。

ちくま学芸文庫

ケガレの民俗誌《みんぞくし》　差別《さべつ》の文化《ぶんか》的《てき》要因《よういん》

二〇一〇年十二月　十　日　第一刷発行
二〇二三年　八　月二十五日　第四刷発行

著　者　宮田　登（みやた・のぼる）
発行者　喜入冬子
発行所　株式会社　筑摩書房
東京都台東区蔵前二―五―三　〒一一一―八七五五
電話番号　〇三―五六八七―二六〇一（代表）
装幀者　安野光雅
印刷所　明和印刷株式会社
製本所　株式会社積信堂

ISBN978-4-480-09339-4 C0139